Die Welt im Schlafanzug

Das passiert, während du träumst

Mit Texten von Karolin Küntzel
und
Illustrationen von Kathleen Richter

kids
compact via

compact via ist ein Imprint der Compact Verlag GmbH

Baierbrunner Straße 27, 81379 München
Ausgabe 2013

Text: Karolin Küntzel
Chefredaktion: Dr. Matthias Feldbaum
Redaktion: Felicitas Szameit, Elena Bruns, Susann Harring
Produktion: Frank Speicher
Abbildungen: alle Illustrationen: Kathleen Richter; alle anderen Abbildungen siehe Bildnachweis S. 112
Titelabbildung: Kathleen Richter
Gestaltung: ekh Werbeagentur GbR, modifiziert durch textum GmbH, München
Umschlaggestaltung: Hartmut Baier, PIXELCOLOR

ISBN 978-3-8174-9357-9
381749357/1

www.compactverlag.de

Vorwort

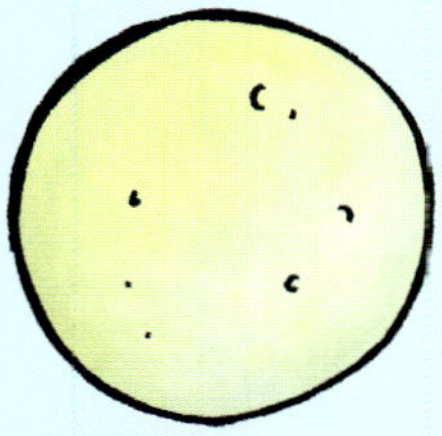

Nachts, wenn du schläfst, ist eine ganze Menge los. Viele Menschen arbeiten dann. Sie sorgen dafür, dass die Brötchen knusprig und warm beim Bäcker liegen und in den Häfen frischer Fisch verkauft werden kann. Im Krankenhaus tröstet die Nachtschwester ein Kind, die Polizisten fangen einen Dieb und die Feuerwehrmänner löschen einen Brand.

Das ist aber längst nicht alles. Tiere gehen auf die Suche nach Futter und Beute. Sie jagen in der Dunkelheit und tagsüber, wenn du in der Schule bist, schlafen sie in ihren Höhlen und Verstecken. Blumen öffnen ihre Kelche und duften verführerisch. Mit ihren strahlend weißen Blüten locken sie Nachtfalter an.

Währenddessen liegst du im Bett. Selbst dann ist ein Teil deines Körpers aktiv. Vielleicht träumst du, vielleicht schlafwandelst du sogar oder schnarchst, weil du Schnupfen hast. In manchen Nächten darfst du auch aufbleiben und feiern. Das ist dann besonders schön.

Von all diesen nächtlichen Geheimnissen erzählt dieses Buch. Du kannst aber auch selbst aktiv werden. Im hinteren Teil findest du ein Quiz sowie Anregungen und Anleitungen für Spiele, Rezepte und Unternehmungen im Dunkeln.

Viel Spaß dabei und eine Gute Nacht!

Inhalt

Inhalt

215
7

Von Nachtarbeitern und Frühaufstehern

Während du in deinem Bett liegst und schläfst, gehen viele Menschen ihrer Arbeit nach. Sie sorgen beispielsweise dafür, dass du am Morgen ein Frühstücksbrötchen oder Obst essen kannst, befördern Passagiere, bringen die Zeitung, helfen in Notfällen oder sorgen für Sicherheit auf den Straßen. Wie sieht ihre Arbeit aus?

Der Bäcker braucht ’nen Wecker

Isst du auch so gern frische Brötchen am Morgen? Dann geht es dir so wie vielen anderen Menschen auch. Damit du vor der Schule knusprige Brötchen essen kannst, muss der Bäcker schon mitten in der Nacht mit der Arbeit beginnen.

Arbeitsbeginn um zwei Uhr

8

Bäcker starten bereits wenige Stunden nach Mitternacht mit der Arbeit. Wer in diesem Beruf anfängt, braucht mit Sicherheit einen Wecker, damit er rechtzeitig wach wird. Nur Bäcker, die schon jahrelang um diese Zeit aufstehen, haben sich an den frühen Arbeitsbeginn gewöhnt und kommen ohne den kleinen Wachmacher aus.

Brote über Brote

Nirgendwo sonst gibt es so viele verschiedene Brotsorten wie im deutschsprachigen Raum. Über 600 sollen es sein. Die genaue Zahl kennt aber niemand.

Mischen und kneten

In der Backstube vermischt der Bäcker alle Zutaten für die Brötchen in einer großen Rührschüssel. Mehl, Wasser, Salz und Hefe werden so lange geknetet, bis ein glatter Teig daraus geworden ist. Dann muss der Teig eine Weile ruhen. Dabei geht er auf. So wird dein Frühstücksbrötchen schön locker.

Rollen und formen

Der fertige Teig wird in viele gleich große und gleich schwere Teigklumpen unterteilt, aus denen der Bäcker die Brötchen formt. Das macht er entweder von Hand oder er benutzt eine spezielle Maschine, die aus einem großen Stück Teig mehrere gleich große Teiglinge formt. Kliefmaschine nennt sich dieses Gerät.

Hier werden gerade leckere Brezeln geformt.

Immer schön der Reihe nach

Der Bäcker stellt den Teig für seine Waren in der Reihenfolge her, wie sie später von den Kunden gekauft werden. Zuerst Brötchen, Brezeln und Brot, im Anschluss dann Kuchen und Torten.

Ab in den Ofen

Auf großen Blechen wandern die Teiglinge in den Ofen, wo sie gebacken werden. Nach kurzer Zeit kommen sie knusprig braun heraus und duften himmlisch.

Im Laden

Ab sieben Uhr haben die meisten Bäckereien geöffnet und die ersten Kunden strömen herein, um Brot oder Brötchen zu kaufen. Für den Bäcker geht die Arbeitsnacht nun langsam zu Ende.

Die Backstube wird noch aufgeräumt, es werden Bestellungen für den nächsten Tag notiert und neuer Teig wird angesetzt. Dann hat der Bäcker Feierabend. In der Bäckerei übernehmen nun die Verkäufer.

Im Flug durch die Nacht

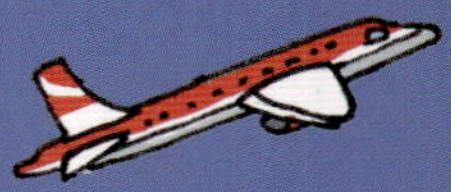

Wenn du von Europa aus nach Amerika fliegst, dauert der Flug viele Stunden und geht meist über Nacht. Während du in deinem Sitz schlafen und dich ausruhen kannst, arbeitet die Crew, vor allem der Pilot, die Nacht hindurch, bis du an deinem Ziel angekommen bist.

Abgehoben

Vor dem Start und währenddessen hat der Pilot eine Menge zu tun. Er muss überprüfen, ob die Maschine startklar ist. Vom Tower – das ist der Kontrollturm auf dem Flughafen – erbittet er anschließend die Starterlaubnis. Dann bedient er alle möglichen Schalter und Hebel und der „Riesenvogel" steigt in die Luft.

10

Wer fliegt den „Vogel"?

Im Normalfall natürlich der Pilot. Er kann zwischendurch an den Co-Piloten oder den Autopiloten übergeben. Der Autopilot ist eine automatische Steuerung, die das Flugzeug auf Kurs und in der richtigen Höhe hält. Den Pilot ersetzen kann er aber nicht.

Hier spricht Ihr Kapitän

Ist die Maschine auf Reiseflughöhe, begrüßt der Pilot die Passagiere und stellt sich und die Crew vor. Außerdem erklärt er die Reiseroute und sagt etwas über die Wetterbedingungen.

Schläft der Pilot im Cockpit?

Nein, das darf er gar nicht. Er bleibt die ganze Zeit wach, damit er auch auf unvorhersehbare Ereignisse schnell reagieren kann. Auch wenn der Autopilot eingeschaltet ist, muss der Pilot das Wetter beobachten, Funkkontakt halten und sein Flugzeug in jedem Luftraum, den er überfliegt, an- und abmelden.

Nachtschicht

Ein Pilot darf auf Nachtflügen bis zu zwölf Stunden am Stück arbeiten. Dann muss er abgelöst werden. Dauert der Flug länger, muss immer ein zweiter Pilot mit an Bord sein.

Ab in die Koje

Im Gegensatz zum Piloten darf sich das Kabinenpersonal auf Nachtflügen zwischendurch ausruhen und sogar schlafen. Während ein Teil des Personals wach bleibt, falls einer der Passagiere noch einen Wunsch hat, dürfen sich die anderen nach dem Verteilen des Essens in eine Art Schlafkoje oder in einen Ruhesitz zurückziehen.

Wer schlafen darf und wann, ist im Dienstplan geregelt und damit schon vor dem Abflug festgelegt.

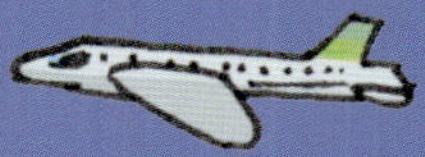

Lichtscheuen Gestalten auf der Spur

Diebe, Räuber und andere Verbrecher nutzen gern den Schutz der Nacht für ihre kriminellen Aktionen. Sie sind unterwegs, wenn andere Menschen schlafen, um in Ruhe ihren dunklen Geschäften nachzugehen. Doch nicht nur sie streifen durch die Straßen, auch die Polizei schläft nicht und ist ihnen vielleicht schon auf der Spur.

Der Notruf

12

Die meisten Polizeiwachen sind rund um die Uhr besetzt. Wenn in der Nacht ein Anruf eingeht, können sich die Polizisten sofort auf den Weg zum Einsatzort machen. Rufst du den Notruf an, landest du aber nicht automatisch in der Wache bei dir um die Ecke, sondern in der Zentrale. Sie stimmt die Einsätze aufeinander ab und schickt die Streifenwagen los.

Die fünf W-Fragen

Wählst du die Notrufnummer, fragt man dich: Was ist passiert? Wo ist es passiert? Wann ist es passiert? Wie viele Personen sind beteiligt? Wer ruft an?

Hier in der Polizeizentrale gehen alle Notrufe ein.

Auf Streife

Die Polizei fährt auch in der Nacht durch die Straßen. Kommt ihr etwas verdächtig vor, kontrolliert sie zum Beispiel Geschäfte, bei denen mitten in der Nacht ein Fenster offen steht, oder Autofahrer, die sich merkwürdig verhalten.

Wer war das?

Nicht immer werden Diebe und Verbrecher auf frischer Tat ertappt. Dann werden am Tatort die Spuren gesichert und später auf der Wache ausgewertet. Fingerabdrücke werden mit vorhandenen Daten verglichen, Fußspuren und Gegenstände, die mit der Tat zu tun haben könnten, untersucht.

Ein Polizeihund im Einsatz

So viel zu tun

Häufig wird die Polizei auch gerufen, um Streit zu schlichten. Sie kommt, wenn die Musik des Nachbarn zu laut ist oder ein Betrunkener randaliert. Sie sichert Unfallstellen ab, sucht vermisste Personen, fängt Tiere wieder ein oder vernimmt Zeugen. Außerdem gibt es eine Menge Formulare auszufüllen und über jeden Einsatz muss ein Bericht geschrieben werden.

Tierische Helfer

Die Polizei setzt auch Tiere ein. So gibt es zum Beispiel speziell ausgebildete Spürhunde, die bei der Suche nach Vermissten helfen. Außerdem gibt es Polizeipferde, die dort zum Einsatz kommen, wo keine Autos fahren dürfen.

Im Affenzahn die Stange runter

In der Nacht tobt ein schreckliches Gewitter. Plötzlich schlägt ein Blitz in eine Scheune ein und sie fängt sofort Feuer. Zum Glück hast du den Brand gleich bemerkt und die Feuerwehr angerufen. Jetzt muss es schnell gehen!

Jetzt noch aufräumen?

Nach jedem Einsatz müssen die Geräte wieder einsatzfertig gemacht werden. Ganz egal, wie spät es ist und wie lange der Einsatz gedauert hat.

Mit Blaulicht und Sirene

Auf der Wache rutschen die Feuerwehrmänner nach der Alarmierung in Windeseile die Stange vom ersten Stock zu den Löschfahrzeugen hinunter. Wer jetzt noch nicht umgekleidet ist, schnappt sich seine Schutzkleidung aus dem Spind oder vom Haken und springt mit ihr in das Fahrzeug. Schon geht es los!

Wasser marsch!

Während das Auto durch die Nacht jagt, ziehen sich die Feuerwehrmänner um und bekommen erste Informationen über den Brand. An der Scheune angekommen, rollen sie die Schläuche aus, schließen sie an einen Hydranten an und beginnen zu löschen.

Freiwillig in Gefahr

Ein Feuerwehreinsatz kann sehr gefährlich sein. Das wissen auch die Männer und Frauen von der Freiwilligen Feuerwehr. Trotzdem machen sie ihre Arbeit gern.

Da sie nachts nicht wie die Berufsfeuerwehrmänner und -frauen auf der Wache sind, bekommen sie den Alarm auf ihren Piepser. Dann machen sie sich so schnell es geht auf den Weg zur Wache und fahren von dort mit dem Einsatzfahrzeug weiter.

Retten, Löschen, Bergen, Schützen

Das sind die Hauptaufgaben der Feuerwehr. Manchmal befinden sich Personen oder Tiere in Lebensgefahr: nach Autounfällen, bei Bränden, Explosionen oder Naturkatastrophen. Ist die Feuerwehr schnell zur Stelle, kann sie Leben retten.

Kalte Spaghetti

In manchen Nächten ist auf der Wache nicht viel los. Dann werden zum Beispiel die Fahrzeuge geputzt oder es wird gemeinsam gekocht. Geht dann doch der Alarm los, sind die Spaghetti auf dem Teller längst kalt, wenn die Männer vom Einsatz zurückkommen.

Nach dem Brand

Die Scheune ist gelöscht und trotzdem bleibt mindestens ein Feuerwehrmann als Brandwache zurück – für den Fall, dass das Feuer doch noch einmal auflodert.

Mitternachtsgemüse

Mitten in der Nacht herrscht in den Großmarkthallen geschäftiges Treiben. Wer hier arbeitet oder einkauft, muss früh aufstehen oder gar nicht erst zu Bett gehen.

Darf es ein bisschen mehr sein?

Auf dem Großmarkt kaufen Supermärkte, Einzelhändler oder Restaurantbetreiber Obst und Gemüse in großen Mengen ein. Fünf Kisten Äpfel, drei Stiegen mit Erdbeeren, vier Kartons mit Pilzen oder 25 Salatköpfe kommen da recht schnell zusammen.

16

Im Supermarkt kannst du dir dann ab acht Uhr einen Pausenapfel kaufen, der kurz zuvor noch auf dem Großmarkt gehandelt wurde.

Blumen, Fisch und Fleisch

Neben Obst- und Gemüse-Großmärkten gibt es auch Blumen-Großmärkte oder solche, in denen ausschließlich Fisch oder Fleisch gehandelt wird.

Großmarktstadt

Manche Großmärkte sind so riesig, dass du dich dort leicht verlaufen kannst. An die 44 Fußballfelder können solche Gelände groß sein. Riesige Hallen mit Laderampen, an denen die LKWs die Ware anliefern, Kühllager und Verkaufshallen, aber auch eine Tankstelle, ein Imbiss oder Duschen für die Fahrer haben auf einem so großen Gelände Platz.

Schnell rein und wieder raus

Das Obst und Gemüse, das im Großmarkt verkauft wird, kommt aus aller Welt. Die ersten Bestellungen sind schon vor Mitternacht beim Großhändler eingegangen und sollen so schnell wie möglich verpackt werden. Meist wird die Ware noch am Tag der Anlieferung weiterverkauft.

Packen, stapeln, rennen

Spätestens um drei Uhr nachts wimmelt es in den Hallen von Leuten. Die Laster werden im Eiltempo entladen und die Stände aufgebaut. Ware, die vorab bestellt wurde, kann jetzt schon zusammengestellt werden. Der Kunde holt sie dann später ab oder bekommt sie geliefert.

Feierabend um die Mittagszeit

Wenn dein Gemüsehändler öffnet, hat das hektische Treiben auf dem Großmarkt ein Ende. Die Stände schließen und es kehrt langsam Ruhe ein – jedenfalls bis kurz vor Mitternacht.

Ananas im Februar

Wer besonders erlesene Früchte oder seltene Gemüsesorten sucht, kommt meistens selbst vorbei und prüft die Ware an den Ständen, bevor er seine Bestellung aufgibt. Hier gibt es zu jeder Jahreszeit alles, was gerade irgendwo auf der Welt reif ist, so auch Blaubeeren mitten im Winter.

Dorsch im Dunkeln

Damit du Fischfilet essen kannst, fahren die Hochseefischer nachts auf das Meer hinaus, um die Netze auszubringen. Ihr Beruf gehört zu den gefährlichsten der Welt. Jährlich sterben an die 24.000 Fischer auf See.

Wind, Wetter, Wellengang

Die Fischer arbeiten bei jedem Wetter. Und das nicht nur bei Tag, sondern auch in absoluter Dunkelheit. Außerhalb des Lichtkegels des Schiffes ist dann alles tiefschwarz, kein Licht ist weit und breit zu sehen. Bei schlechtem Wetter schaukelt das Schiff, es rollt oder stürzt in Wellentäler, der Wind heult und pfeift. Wasser kommt aus allen Richtungen.

Hauptsache an Deck bleiben

Wer in der Nacht über Bord geht, kann nur schwer wiedergefunden werden. In der Dunkelheit ist ein Mann inmitten der Wellen nicht zu sehen. Manchmal wird das Unglück auch nicht gleich bemerkt und das Schiff hat sich schon weit vom Unglücksort entfernt.

Rutschpartie

Auch an Deck ist es gefährlich. Der Boden ist rutschig, das Netz ist schwer und das Messer zum Ausnehmen des Fisches sehr scharf. Wenn du dich verletzt, kannst du sofort zu einem Arzt gehen. An Bord eines Fischkutters ist das nicht möglich und es kann Tage dauern, bis eine Wunde richtig versorgt werden kann.

Ab in die Koje

Oft sind die Fischer mehrere Tage und Nächte hintereinander auf See. Dann schlafen sie, wenn gerade nichts zu tun ist, in schmalen Betten, Kojen genannt. Manchmal reicht die Zeit nur für ein paar Stunden.

Fischer fischen

Zu den Aufgaben an Bord gehört es nicht nur, die Netze auszubringen und wieder einzuholen. Die Netze müssen wie das Boot selbst instand gehalten und repariert werden. Außerdem wird der Fang nach Größe und Art sortiert. Häufig wird er auch direkt an Bord weiterverarbeitet. Dazu gehört das Ausnehmen, Säubern, Filetieren, Kochen oder Salzen.

Endlich im Hafen

In kleineren Häfen laufen die Fischkutter frühmorgens ein. Wenn du zeitig aufstehst, kannst du dort direkt vom Schiff Krabben oder Fisch kaufen. Der Rest des Fangs wird an Händler oder Fabriken verkauft.

19

Feierabend ist dann aber immer noch nicht. Das Schiff muss aufgeräumt, saubergemacht und bei Bedarf repariert werden. Erst danach ist Zeit für die Familie.

Immer auf Sendung

Wann immer du dein Radio anschaltest, hörst du Musik, Nachrichten oder Beiträge zu bestimmten Themen. Ein Radiomoderator liest die Verkehrsnachrichten, den Wetterbericht oder erzählt eine Geschichte. Was passiert nachts im Sender?

Verdammt früh

Radio gibt es rund um die Uhr. Das bedeutet für einige Moderatoren, dass sie sehr früh aufstehen müssen. Ist ihr Arbeitsbeginn zum Beispiel um vier Uhr nachts, klingelt der Wecker vielleicht schon um zwei Uhr. Glück hat dann, wer nahe am Rundfunkstudio wohnt und nicht weit fahren muss.

Nachteulen

Einige der Moderatoren, die in der Nachtschicht arbeiten, finden ihre Arbeitszeiten richtig gut. Ihnen fällt das Aufstehen nicht schwer und sie laufen nachts zur Höchstform auf. Außerdem sind die Straßen leer, wenn sie zur Arbeit fahren und ab mittags haben sie Feierabend. Dann haben sie Zeit, um ins Freibad zu gehen oder in Ruhe einzukaufen, während andere noch arbeiten müssen.

Gut bei Stimme

Wer im Radio Sendungen moderieren will, muss vor allem eine angenehme Stimme haben und fehlerfrei sprechen können. Wer nuschelt, hat keine Chance.

Im Studio

Zur Arbeit eines Radiomoderators gehört nicht nur die Sendung selbst, sondern auch die Vorbereitung dazu. Welche Musik soll gespielt werden, welche Berichte sind wann dran und wie passt das alles zeitlich zwischen die Nachrichten und den Verkehrsfunk?

Wer hört denn das?

Viele Menschen, die nachts Radio hören, sind selbst bei der Arbeit. Sie backen Brot, fahren LKW oder haben Nachtdienst. Auch wenn ihr nachts in den Urlaub fahrt, freuen sich deine Eltern über Musik und Unterhaltung aus dem Radio.

Nicht auf den Mund gefallen

Manchmal sind auch Gäste im Studio, die interviewt werden. In diesem Fall ist es besonders wichtig, sich gut unterhalten zu können. Dazu gehört zum Beispiel auch, interessante Fragen zu stellen und schnell auf Äußerungen zu reagieren. Schließlich sollen sich die Zuhörer nachts nicht langweilen oder gar beim Radiohören einschlafen.

Knöpfe drücken

Damit Beiträge und Musik nahtlos ineinander übergehen, muss der Moderator sich auch mit der Studiotechnik gut auskennen. Da gibt es viele Knöpfe und Schieber, mit denen er die Lautstärke regeln oder einen aufgezeichneten Beitrag und Musik starten kann.

Der Gast ist König

Fast überall, wo du etwas essen und trinken kannst, arbeiten Kellner. Sie sorgen dafür, dass du serviert bekommst, was du bestellt hast. Da viele Restaurants und Bars bis spät in die Nacht hinein geöffnet haben, ist das Servicepersonal auch oft bis in die frühen Morgenstunden auf den Beinen.

Was darf ich Ihnen bringen?

Kellner arbeiten überall in der Gastronomie: in Bars, Restaurants, Kantinen, Cafés, Hotels und sogar auf Schiffen. Sie helfen dem Gast bei der Auswahl, nehmen die Bestellung auf, bringen die Speisen und Getränke, räumen ab und kassieren. Ihre Aufgabe ist es außerdem, dafür zu sorgen, dass der Gast sich wohlfühlt.

Nachtmahl

Menschen, die nachts arbeiten oder unterwegs sind, wollen auch etwas essen und trinken – der Fernfahrer an der Raststätte genauso wie die Theater-Schauspieler nach der Vorstellung.

22

Freundlich und flink

Ein guter Kellner ist immer freundlich und höflich zu seinen Gästen. Das gilt auch, wenn ein Missgeschick passiert. Kippst du aus Versehen das volle Glas um, kann das ganz schön peinlich sein. Wenn der Kellner die Pfütze aber schnell und ohne Aufhebens beseitigt, fühlst du dich gleich wieder wohl.

Trinkgeld

Als Kellner wird man selten reich. Deshalb ist es wichtig, zusätzlich Trinkgeld von den Gästen zu bekommen. Freundliche Kellner bekommen oft mehr Trinkgeld als unfreundliche.

Müde Füße

Die Arbeit ist anstrengend. Selten ist Zeit, sich mal hinzusetzen, oft verbietet der Chef das sogar. Nach einer ganzen Nacht auf den Beinen tun die Füße weh und der Kopf brummt von all den Bestellungen. Das ist ein Grund dafür, warum viele Kellner den Job nach einiger Zeit aufgeben und sich nach einer anderen Arbeit umsehen.

Hat es geschmeckt?

Vielleicht wurdest du das auch schon einmal nach dem Essen gefragt. Wenn alles lecker war, fällt die Antwort darauf sicher leicht. Und wenn nicht? Dann darf man das auch höflich sagen. Der Kellner leitet die Kritik dann an die Köche weiter.

Nachts um drei von Tür zu Tür

Die meisten Menschen schlafen nachts um drei tief und fest. Ein paar sind aber auch noch oder schon unterwegs, wie der Zeitungszusteller. Damit ihr die Tageszeitung pünktlich zum Frühstück im Briefkasten habt, muss er mitten in der Nacht aufstehen.

24

Informationen aus erster Hand

Nach den Zeitungsdruckern und Auslieferungsfahrern ist der Zeitungsbote der Erste, der die Zeitung zu Gesicht bekommt. Zeit, sie zu lesen, hat er aber nicht, denn vor ihm liegt eine lange, anstrengende Tour.

Routenplanung

Jeder Zusteller ist für ein bestimmtes Gebiet zuständig. Mit seiner Arbeit ist er erst fertig, wenn dort alle Abonnenten die Zeitung im Kasten haben. Will er nicht unnötig lange Wege gehen und möglichst schnell Feierabend machen, sollte er die Reihenfolge der Zustellung gut planen.

Vierter Stock links

Nicht immer sind die Briefkästen für alle Mieter unten im Hausflur angebracht. Dann heißt es Treppensteigen: Rauf und wieder runter. Wer das mehrmals pro Nacht macht, braucht bestimmt nicht extra zum Sport zu gehen.

Herr über viele Schlüssel

Sind die Briefkästen nicht draußen am Haus angebracht, bekommt der Zeitungsausträger einen Schlüssel für jedes Haus, in das er hinein muss. Da kann schon ein stattlicher Schlüsselbund zusammenkommen.

Hunde, die bellen

Der Zeitungsbote gehört wie der Postbote nicht zu den Lieblingen der Hunde. Er wird gern verbellt. Zum Glück ist er meist durch die Haustür oder den Gartenzaun vor dem aufgeregten Vierbeiner geschützt.

Bei Wind und Wetter

Früh am Morgen unterwegs zu sein, kann im Sommer sehr schön sein. Die milde Luft, die ersten zwitschernden Vögel oder den Sonnenaufgang hat der Zeitungsbote fast für sich allein. Wenn es allerdings regnet, stürmt oder schneit, ist die Arbeit kein Zuckerschlecken mehr.

Nicht nur Zeitung

Inzwischen tragen viele Zusteller nicht nur die Tageszeitung aus. Häufig werden mit ihr zusammen auch Werbebeilagen oder ganz reguläre Postsendungen in den Briefkasten gesteckt. Der Zeitungsbote hat dadurch zwar keinen längeren Weg, aber wesentlich mehr zu schleppen.

Helfende Hände

Das Krankenhaus schläft nie. Auch in der Nacht ist dort immer einiges zu tun. Zwar nicht so viel wie am Tag, aber ein paar Ärzte und Krankenschwestern haben auch dann Dienst. Worum kümmern sie sich, wenn die Patienten schlafen?

Dienstantritt

26

Bevor die eigentliche Schicht beginnt, wird eine Übergabe gemacht. Das bedeutet, dass die Krankenschwestern oder die Ärzte, die jetzt Feierabend haben, ihre Nachfolger darüber informieren, was bisher auf der Station los war. Welche Patienten sind neu, worauf ist besonders zu achten, gab es besondere Vorkommnisse?

Rundgänge

Die Nachtschwester macht während ihres Dienstes drei Rundgänge: einen, bevor die Patienten schlafen, den nächsten ungefähr um Mitternacht und den dritten kurz vor Ende ihrer Schicht. Auf diesen Rundgängen schaut sie, ob bei den Patienten alles in Ordnung ist oder ob jemand Hilfe braucht.

Ich muss mal

Manche Patienten dürfen nicht allein aufstehen. Wenn du zum Beispiel einen frischen Gips am Bein hast und auf die Toilette musst, klingelst du nachts nach der Schwester.

Ruhig oder turbulent?

Ob in der Nacht viel zu tun ist, hängt auch von der Station ab, auf der die Schwester oder der Arzt Dienst hat. So ist es zum Beispiel auf einer Säuglingsstation ruhiger als in der Notaufnahme.

Ärzte schlafen, Schwestern wachen

In der Nacht wird nur im Notfall operiert. Deshalb haben die Ärzte, die Nachtdienst haben, manchmal gar nichts zu tun. Sie können sich dann in einem Bereitschaftszimmer hinlegen und schlafen, bis sie gebraucht werden. Die Krankenschwestern können das nicht. Sie müssen die ganze Nacht wach bleiben, auch wenn es ihnen schwerfällt.

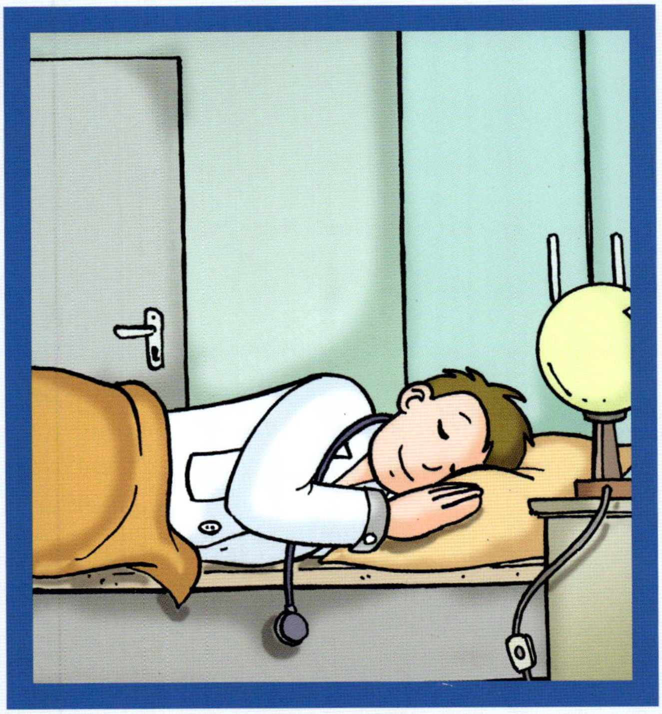

Allerhand zu tun

Falls du jetzt denkst, die Schwestern drehen nachts nur ihre Runden, hast du dich getäuscht. Sie müssen außerdem noch eine Menge Papierkram erledigen. So vermerken sie zum Beispiel in deiner Krankenakte, ob du Fieber hattest oder ein Medikament bekommen hast.

Sie schütteln Kissen auf, trösten und beruhigen, füllen Verbandsmaterial auf und bereiten alles für die Frühschicht vor.

Die Heimbringer

Viele Menschen besuchen abends eine Theateraufführung oder gehen in die Spätvorstellung im Kino. Ist das Stück oder der Film zu Ende, ist es sehr spät geworden. Die meisten wollen dann möglichst schnell nach Hause. Wer nicht zu Fuß geht, mit dem Fahrrad oder dem Auto fährt, nimmt den Bus oder fährt Taxi.

Nach Fahrplan

28

In einigen großen Städten fahren die Busse die ganze Nacht hindurch. Allerdings fahren sie dann seltener, weil nicht mehr so viele Fahrgäste unterwegs sind. Manchmal ist der Bus sogar ganz leer. In kleineren Städten oder auf dem Land gibt es häufig keinen Nachtfahrplan. Dann muss man bis in die frühen Morgenstunden warten, bis ein Bus kommt.

Wo Busse schlafen

Busse, die nachts nicht unterwegs sind, werden im Busdepot abgestellt. Dort können sie auch betankt, repariert oder gewaschen werden.

Ohne Fahrgast schneller?

Auch wenn nachts kein Fahrgast mitwill, muss der Busfahrer den Fahrplan einhalten. Deshalb warten Busse manchmal an den Haltestellen, obwohl weit und breit kein Mensch zu sehen ist. Am Tag ist das übrigens genauso. Vielleicht hast du dich schon einmal darüber gewundert, warum der Bus so lange hält.

Taxi, bitte!

Wer nicht auf den Bus warten will, ruft sich ein Taxi. Das geht so: Entweder winkst du eines heran, das gerade vorbeifährt. Ein leeres Taxi erkennst du an dem beleuchteten Taxischild auf dem Dach. Oder du rufst in der Taxizentrale an, dann schickt man dir einen Wagen, der dich abholt.

Hilfe anfordern

Busfahrer und Taxifahrer können bei einem Angriff oder Überfall über Funk Hilfe anfordern. Sie sind dann entweder direkt mit der Polizei verbunden oder die Funkzentrale leitet ihren Anruf dorthin weiter.

Die Uhr läuft

Taxifahren ist teurer als ein Busfahrschein. Meistens wird eine Grundgebühr bezahlt. Dazu kommt dann der Preis für den Weg. Er wird entweder nach Fahrzeit oder nach Fahrstrecke berechnet. Wie teuer die Fahrt ist, kannst du an der Taxiuhr ablesen. Sie zeigt dir laufend den Preis an, der zu zahlen ist.

Gefährliche Gäste

In der Regel weiß der Taxifahrer vorher nicht, wer zu ihm ins Auto steigt. Nicht immer sind diese Personen nett. So kommt es hin und wieder vor, dass Taxifahrer überfallen werden. Die Räuber haben es dann meistens auf das Bargeld des Fahrers abgesehen.

Von ausgestorbenen und quicklebendigen Nacht- wächtern

Früher gab es den Beruf des Nachtwächters. Heute gibt es ihn in dieser Form nicht mehr. In einigen Städten laufen aber trotzdem noch schwarzgekleidete Männer umher, die sich Nachtwächter nennen. Und was ist mit denen, die nachts in Parkhäusern oder Pförtnerlogen sitzen und sich genauso bezeichnen?

Touristen in der Nacht

In vielen Städten gibt es inzwischen Abendführungen für Touristen. Sie werden manchmal von einem als Nachtwächter verkleideten Mann durch die Stadt geführt. Er erzählt dir, wie das Leben früher war, zeigt besonders sehenswerte Orte und berichtet von den Aufgaben eines Nachtwächters zu damaligen Zeiten.

Das Lied des Nachtwächters

„Hört, ihr Leut, und lasst euch sagen,
unsere Glock hat zehn geschlagen.
Gebt acht auf Feuer und auf Licht,
damit heute Nacht kein Brand ausbricht.“

Der Job des Nachtwächters

Die ganze Nacht über ging der Nachtwächter durch die Straßen. Er achtete darauf, dass alle Türen und Tore verschlossen waren, und beschützte die Menschen vor Dieben. Er meldete, wenn irgendwo ein Feuer ausgebrochen war, und rief die Stunden aus.

Der moderne Nachtwächter

Heute sitzt der Nachtwächter in einem kleinen Häuschen, einer Pförtnerloge oder hinter einem Tresen. Von dort aus wacht er zum Beispiel über ein Firmengelände, öffnet die Schranke für späte Lieferanten oder die Tür für Besucher.

Ganz schön langweilig

In der Regel sind die Nächte ruhig und es ist nicht viel zu tun. Das kann ganz schön langweilig sein. Einige Nachtwächter haben deshalb einen kleinen Fernseher an ihrem Arbeitsplatz, andere lesen oder rätseln.

Viele Studenten verdienen sich ihr Studium mit einem Nachtwächterjob und nutzen die ruhige Zeit in der Nacht zum Lernen. Wie würdest du dir die Zeit vertreiben?

Nachtwächter-Rundgang

Es gibt auch Nachtwächter, die in regelmäßigen Abständen ihre Runde über ein Firmengelände, durch ein Museum oder Büroräume drehen.

Auf Pfoten und Schwingen durch die Nacht

Wenn du abends zu Bett gehst, stehen einige Tiere gerade erst auf. Man nennt sie deshalb auch nachtaktiv. Durch die Dunkelheit vor Feinden geschützt, gehen sie auf Beutezug und Nahrungssuche.

Außerdem sind sie mit besonderen Sinnen ausgestattet, sodass sie sich im Dunkeln sehr gut orientieren können.

Wer schnauft des Nachts durchs Unterholz?

Es ist ein Igel. Tagsüber schläft er in seinem Blätternest. Erst mit Beginn der Dämmerung kommt er aus seinem Versteck und begibt sich auf Nahrungssuche in Gärten und auf Wiesen.

Mahlzeit

Auf dem Speiseplan des Einzelgängers stehen Insekten, Schnecken und Regenwürmer. Sein Lieblingsgericht sind Ohrwürmer. Auch sie sind wie die meisten Beutetiere des Igels im Dunkeln aktiv, sodass er normalerweise einen reich gedeckten Tisch vorfindet.

34

Feind im Anflug

Der Igel hat kaum natürliche Feinde. Das liegt zum einen an seinen wehrhaften Stacheln und der Fähigkeit, sich bei Gefahr zu einer rundum stacheligen Kugel einzurollen. Zum anderen ist er durch die Dunkelheit geschützt.

Das alles nützt ihm aber nichts mehr, wenn ein Nachtgreifer, wie der Uhu, Jagd auf ihn macht. Gegenüber dem schnellen Vogel mit den scharfen Augen hat er keine Chance.

Stachelige Angelegenheit

Bei der Geburt hat ein Igelbaby 100 Stacheln. Sie sind weiß und noch ganz weich. Zehn Tage später sind es schon 300 Stacheln. Diese fallen aus und harte, dunkle Stacheln wachsen nach. Ein ausgewachsener Igel besitzt 6000 bis 8000 dieser spitzen Stacheln.

Winterschläfer

Igel halten von November bis April Winterschlaf. Vorher fressen sie sich einen schützenden Speckmantel an. Er bewahrt sie vor Kälte und sorgt dafür, dass sie die lange Zeit ohne Futter überstehen.

35

Schlechte Augen, super Nase

Igel sehen nicht besonders gut und kommen doch wunderbar in der Nacht zurecht. Das liegt an ihren ausgezeichneten Ohren und ihrem perfekt ausgebildeten Geruchssinn. Sie hören Töne sogar im Ultraschallbereich. Das kannst du nicht. Und mit ihrer Super-Nase erschnüffeln sie ihre Beute noch in einer Entfernung von bis zu 25 Metern.

Schlürfen, schmatzen, schnaufen

Igel sind lautstarke Gesellen. Sie schmatzen und schlürfen beim Fressen und schnaufen und schnüffeln weithin hörbar durchs Gebüsch. Wenn du einen Igel im Garten hast, wirst du ihn in der Nacht hören, bevor du ihn zu Gesicht bekommst.

Besonders laut sind sie in der Paarungszeit im Sommer. Da kannst du sie sogar fauchen und puffen hören, so als würde eine alte Dampflok Fahrt aufnehmen.

Wer ist der beste Kopfverdreher?

Es ist die Eule, denn sie kann ihren Kopf um 270 Grad drehen. Das ist so weit, dass sie über die rechte Schulter schauen kann, obwohl sie den Kopf nach links dreht. Wie weit kommst du?

Perfekte Nachtsicht

Eine Eule hat im Verhältnis zum Kopf riesige Augen. Diese sind sehr lichtempfindlich. Dadurch fangen sie noch die kleinste Lichtmenge ein. So ist die Eule bestens gerüstet, um in der Nacht Jagd auf Mäuse oder Frösche zu machen.

Lautloser Flug

Eulen fliegen nahezu geräuschlos, weil ihre Federn am Rand ganz weich sind. Fliegt eine Eule in der Nacht an dir vorbei, würdest du sie nicht hören, sondern nur spüren: als einen fast unheimlichen Hauch.

Ganz Ohr

Neben den Augen sind es vor allem die Ohren, die der Eule in der Nacht zum Jagdglück verhelfen. Sie befinden sich unterschiedlich hoch am Kopf und ermöglichen dadurch die ganz genaue Ortung der Beute.

Ihr Gesichtsschleier, das ist die besondere Einfassung des Gesichts durch Federn, dient außerdem dazu, die Geräusche zum Ohr zu leiten und zu verstärken.

Eulenwohnung

Die nachtaktiven Greifvögel leben in hohlen Baumstämmen, in Scheunen, Kirchtürmen oder auf Dachböden. Dort verschlafen sie den Tag. Da es immer weniger natürliche Nist- und Schlafplätze für sie gibt, nehmen Eulen auch gern künstliche Nistkästen an.

Mit ihren scharfen Augen entdeckt die Eule jede Beute.

Jagdglück

Hat die Eule ein Beutetier erwischt, tötet sie es durch einen Griff mit ihren scharfen Krallen oder mit dem gebogenen Schnabel. Kleinere Tiere verschluckt sie in einem Stück, bei größeren trennt sie zuerst den Kopf ab. Unverdauliche Nahrungsbestandteile, wie Haare, Federn oder Knochen, würgt sie in Form von Gewöllen wieder aus.

Todesbote oder weiser Vogel?

Die unheimlichen Schreie der Eule und ihr lautloser nächtlicher Flug machten den Menschen früher Angst. So glaubte man, dass sie Krankheit und Tod ankündigen. Die alten Griechen dagegen verehrten die Eule als Vogel der Weisheit.

Wendezehe

Eulen haben vier Zehen. Eine davon bezeichnet man als Wendezehe, da die Eule sie ganz nach Belieben nach vorn oder nach hinten drehen kann, um sich oder ihre Beute festzuhalten.

Der Steinkauz heißt auf Lateinisch „Athene noctua“, nach der griechischen Göttin Athene.

Wer hängt zum Schlafen an den Füßen?

Die Fledermaus hängt sich zum Schlafen mit den Füßen kopfüber an Äste, in Baumhöhlen oder an Dachbalken. So verschläft sie den Tag, bis es mit Einbruch der Dunkelheit Zeit wird, auf die Jagd zu gehen.

Für die Nacht gerüstet

Fledermäuse sind die einzigen Säugetiere, die fliegen können. Sie sind sehr wendig und perfekt an das Leben in der Nacht angepasst. Da ihnen die Augen in der Dunkelheit nicht allzu viel nützen, orientieren sie sich anhand von Geräuschen.

Echoortung

Fledermäuse orten ihre Beute und Hindernisse auf ihrer Flugroute über Geräusche. Dazu stoßen sie Ultraschallwellen aus. Treffen diese auf Gegenstände oder andere Tiere, prallen sie ab und werfen ein Echo zur Fledermaus zurück. So wissen Fledermäuse jederzeit, wo ihre Beute ist, und können Hindernissen ausweichen.

Fliegen mit den Händen

Zwischen den fünf Fingern, dem Körper und den Beinen der Fledermaus ist die Flughaut gespannt. Fledermäuse haben eine Flügelspannweite von bis zu 25 Zentimetern. Klappen sie die Flügel ein, passen sie jedoch noch in die kleinste Ritze.

Winterschlaf

Fledermäuse halten einen Winterschlaf. Dazu ziehen sie sich am liebsten in Höhlen oder alte Bergwerke zurück. Wie die Igel fressen sie sich vorher eine Speckschicht an.

Insektenliebhaber

Die meisten Fledermäuse ernähren sich von Insekten. Mücken, Nachtfalter oder Käfer stehen auf ihrem Speiseplan. Flughunde, die auch zu den Fledertieren gehören, mögen dagegen Nektar, Pollen und Obst.

Vampire

Bluttrinkende Fledermäuse kommen nur in Mittel- und Südamerika vor. Allerdings saugen sie kein Blut, sondern lecken es ab, nachdem sie zuvor die Haut von Säugetieren oder Vögeln angeritzt haben.

Fledermausgarten

Um Fledermäuse bei ihrer nächtlichen Nahrungssuche zu unterstützen, kannst du einen Nachtgarten für sie anlegen. Bestimmte nachtduftende und nachtblühende Pflanzen, wie das Gemshorn, locken Nachtfalter an. Bald darauf kannst du dort auch Fledermäuse beobachten, die sich ihre Insektenmahlzeit holen.

Wer ist ein prima Mäusejäger?

Das ist die Hauskatze. Auch sie ist am liebsten in der Nacht unterwegs, um Mäuse oder kleine Reptilien zu jagen. Tagsüber ist sie dann müde und döst auf der Fensterbank oder schläft zusammengerollt an einem kuscheligen Plätzchen.

Rund oder schmal?

40

Im Gegensatz zu dir sieht eine Katze auch in der Nacht hervorragend. Das liegt daran, dass ihre Augen wesentlich empfindlicher sind als Menschenaugen. Bei Dunkelheit werden sie ganz groß und rund, damit viel Licht hineinfallen kann. Ist es dagegen sehr hell, werden sie zu schmalen Schlitzen.

Blinzeln Katzen?

Nur selten, denn sie haben eine Art drittes Augenlid, die Nickhaut. Sie sorgt dafür, dass das Auge auch ohne ständiges Blinzeln ausreichend befeuchtet wird.

Leuchtaugen

Für optimale Nachtsicht befindet sich hinten im Katzenauge eine reflektierende Schicht, das Tapetum. Das kannst du dir so ähnlich vorstellen wie einen Spiegel. Das einfallende Licht wird von dort noch einmal durch die Netzhaut geschickt.

Die Katze nutzt die Lichtmenge also gleich doppelt. Das Tapetum ist auch dafür verantwortlich, dass Katzenaugen im Dunkeln leuchten.

Sieben Leben

Eine Redensart besagt, dass Katzen sieben Leben haben. Das stimmt natürlich nicht, denn sie haben auch nur eins. Allerdings überstehen sie auch Stürze aus großer Höhe, was früher zu der Vermutung führte, sie müssten mehr als ein Leben haben.

Riechen und Tasten

Katzen sehen nicht nur gut, sie haben auch ausgezeichnete Ohren und können Mäuse noch in weiter Ferne hören. Außerdem orientieren sie sich nachts über ihre Schnurrhaare. Mit ihnen tasten sie die Umgebung ab und erkennen auch bei völliger Dunkelheit Gegenstände oder andere Tiere.

Fleischfresser

Katzen sind reine Fleischfresser. Sie machen bevorzugt Jagd auf Mäuse, an die sie sich sehr geschickt und nahezu lautlos anschleichen. Ein beherzter Sprung und schon haben sie ihre Mahlzeit unter der Kralle. Manchmal spielen sie noch ein bisschen mit ihrer Beute, bevor sie sie mit einem Biss ins Genick töten.

Wer lässt sich bei Gefahr tief fallen?

Der Feldhamster ist mit seinen kurzen Beinchen kein schneller Läufer. Ist er aber in der Nähe seines Baus, kann er sich durch eine seiner Fallröhren in Sekundenschnelle weit unter die Erde in seine schützende Höhle fallen lassen. Ganz schön schlau!

Hamsterhöhlen

Feldhamster leben allein in weitverzweigten Höhlen mit meterlangen Gängen. Sie bauen sie unter Feldern, die bewirtschaftet werden. Denn dort finden die Hamster genügend Nahrung. Neben einer weich gepolsterten Wohn- und Schlafhöhle gibt es Vorratskammern und einen Raum, der als Toilette dient.

Im Schutz der Dunkelheit

Bis zum Anbruch der Dämmerung schläft der Feldhamster. Dann verlässt er seinen Bau und geht auf die Suche nach Körnern, Hülsenfrüchten, Klee oder Mais. Viele seiner Feinde, wie Katze, Bussard oder Fuchs, sind ebenfalls in der Nacht unterwegs. Der Feldhamster bleibt deshalb meistens in der Nähe seines Baus.

Fraßkreise

Ob ein Hamster unter dem Feld wohnt, erkennst du an den Fraßkreisen, die um die Eingänge seiner Höhlen herum entstehen.

Mutiges Kerlchen

Trifft der Feldhamster auf einen Feind und kann nicht fliehen, stellt er sich auf die Hinterbeine. Er bläst die Backen auf, knirscht mit den Zähnen und knurrt. Hilft das noch nicht, wirft er sich auf den Rücken und zeigt seinen schwarzen Bauch, der wie das Maul eines Raubtieres aussieht.

Winterfest

Hamsterhöhlen, die auch zum Überwintern genutzt werden, sind bis zu zwei Meter tief unter der Erde. In dieser Tiefe friert die Erde nicht durch.

Hamster hamstern

Feldhamster halten in ihren Höhlen Winterruhe. Um diese Zeit gut zu überstehen, legen sie Vorräte von mehreren Kilogramm Gewicht an. Dazu sammeln sie in ihren Backentaschen Feldfrüchte, die sie in ihren Vorratshöhlen lagern. Zwischen den Schlafphasen fressen sie von diesen Vorräten.

Vom Aussterben bedroht

Früher gab es so viele Feldhamster, dass Jagd auf sie gemacht wurde. Heute sind sie vom Aussterben bedroht, weil die großen Landmaschinen ihre Bauten zerstören und die Felder bis auf das letzte Körnchen abernten. So finden die Feldhamster nicht genügend Nahrung, um den Winter zu überstehen.

Wer hat die Gans gestohlen?

Im Kinderlied wird dieser Raub dem Fuchs nachgesagt. Schnell wird er verdächtigt, wenn irgendwo ein Federvieh fehlt. Dabei würde auch der Marder oder der Iltis zu solch einer Mahlzeit nicht Nein sagen.

Lieblingsspeisen

Füchse sind Allesfresser. Auf ihrer Hitliste der Beutetiere stehen Mäuse an oberster Stelle. Außerdem mögen sie Regenwürmer, Schnecken, Vögel und deren Eier, Frösche und Früchte, aber auch Aas.

Schlauer Fuchs

Seinen Ruf verdankt der Fuchs sicherlich auch der Tatsache, dass er gut mit der Nähe zu Menschen zurechtkommt und sehr anpassungsfähig ist. Schnell findet er heraus, wo die besten Futterquellen und Verstecke sind.

Er kennt sein Revier in- und auswendig und lernt schnell, dass ihm von einem Jäger Gefahr droht, von einem Wanderer dagegen nicht.

Nächtlicher Streifzug

Obwohl er nachts unterwegs ist, wenn du schon schläfst, ist eine Begegnung mit einem Fuchs nicht ausgeschlossen. Immer näher wagt sich der rote Räuber an Wohnsiedlungen heran und durchwühlt dort Abfallhaufen und Gärten nach Essbarem.

Hören wie ein Fuchs

Für sein aktives Leben in der Nacht ist der Fuchs bestens gerüstet. Er kann sehr gut hören. Mit seinen drehbaren Ohren ortet er jedes raschelnde Mäuschen in der Umgebung. Zusätzlich hat er eine Super-Nase und kann 400-mal besser riechen als du. Füchse sehen ähnlich gut wie Katzen.

Höhlenleben

Tagsüber verkriecht sich der Fuchs zum Schlafen in seinem Bau. Den gräbt er nicht unbedingt selbst – gern nutzt er bereits vorhandene Höhlen von Dachsen und Kaninchen, die er bei Bedarf erweitert.

Wohngemeinschaft

Es kommt sogar vor, dass Füchse, Dachse und sogar Kaninchen friedlich nebeneinander in einem großen Bau leben. Solange sie unter der Erde sind, herrscht Burgfrieden, das heißt, sie vertragen sich. Erst außerhalb des Baus wird wieder Jagd aufeinander gemacht.

Fuchsolympiade

Füchse können bis zu zwei Meter hoch und bis zu fünf Meter weit springen. Sie können schwimmen, auf kurzen Strecken 50 Kilometer pro Stunde schnell laufen und schaffen es, sich in winzige Löcher zu quetschen. Das musst du erst einmal nachmachen!

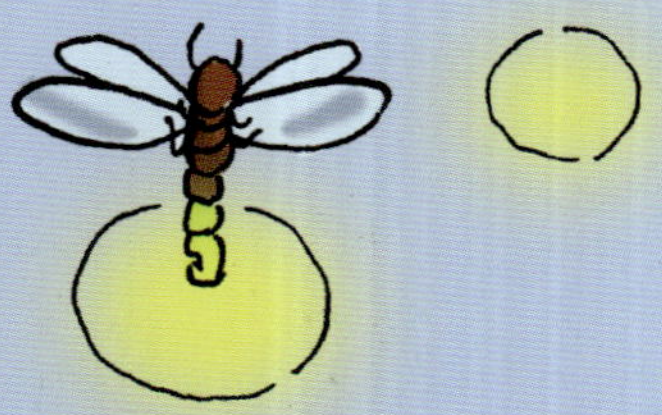

Wer bringt Licht ins Dunkel?

Ein Glühwürmchen leuchtet dir im Dunkeln. Wobei der Name „Würmchen“ in die Irre führt, denn das Tier, das dort in deinem Garten Licht macht, ist in Wirklichkeit ein Käfer.

Leuchtkäfer

Weltweit gibt es mehr als 2000 Arten von Leuchtkäfern, von denen die meisten Lichtsignale aussenden. Wie diese Signale aussehen, unterscheidet sich dabei je nach Art. Einige senden ununterbrochen Licht, andere blinken oder machen zwischendurch mal längere Pausen.

Biolumineszenz

Darunter versteht man die Fähigkeit eines Lebewesens, durch eine chemische Reaktion im Körper Licht zu erzeugen.

Licht herstellen

Glühwürmchen stellen ihr eigenes Licht her. Sie müssen dafür nicht von der Sonne oder einer anderen Lichtquelle angestrahlt werden. Deine Leuchtsterne über dem Bett leuchten dagegen nur, wenn sie sich vorher mit Licht aufgeladen haben. Dieses Licht geben sie dann in der Dunkelheit wieder ab.

Licht an!

Gehst du in einer Sommernacht zwischen 22 und 24 Uhr in den Garten, hast du die besten Chancen, die Käfer beim Leuchten zu erwischen. Die nachtaktiven Insekten nutzen die Dunkelheit, um durch ihr Leuchten einen Partner anzulocken. Tagsüber könnten sie zwar auch leuchten, allerdings würde es dann niemand sehen, denn dafür leuchten sie nicht hell genug.

Im Anflug

Da die meisten Weibchen nicht fliegen können, klettern sie bei Anbruch der Dunkelheit auf Pflanzen oder Bäume. Von dieser erhöhten Position aus locken sie die fliegenden Männchen an, die in etwa einem Meter Flughöhe unterwegs sind. Das kannst du dir so ähnlich vorstellen wie einen Fluglotsen, der dem Piloten die Position für die Landung angibt.

Licht aus!

Das Männchen stirbt kurz nach der Paarung, das Weibchen einige Tage darauf, nachdem es die befruchteten Eier abgelegt hat. Viele Glühwürmchen sterben aber schon vor der Paarung, denn für Echsen, Frösche oder Vögel sind sie eine leckere Mahlzeit.

Leuchtende Larven

Die Larven können auch schon leuchten. Damit signalisieren sie ihren Fressfeinden, dass sie nicht lecker sind: Hände weg von leuchtendem Futter!

Wer knabbert gern an Autos?

Der Steinmarder macht sich dort zu schaffen. Er versteckt sich sehr gern in den Motorzwischenräumen und findet vermutlich auch die Restwärme von gerade geparkten Fahrzeugen sehr kuschelig.

Kabelbiss

48

Marder markieren ihr Revier. Steht euer Auto in einem Marderrevier, wird es ebenso markiert. Will ein anderer Marder nun das gleiche Gebiet für sich und riecht die bereits angebrachte Duftspur des ersten Marders, wird er so wütend, dass er die Kabel und die Isolierungen zerbeißt.

Wenn ihr Pech habt, lässt sich das Auto am nächsten Morgen nicht mehr starten und muss in die Werkstatt.

Nächtlicher Poltergeist

Da der Steinmarder gern in der Nähe von Menschen wohnt, kannst du ihn gut beobachten. Das nachtaktive Tier richtet sich oft auf Dachböden ein. Verlässt der Mader seinen Unterschlupf mit Beginn der Dämmerung oder kehrt im Morgengrauen zurück, macht er meistens reichlich Krach.

Die Familie der Marder

Fischotter, Dachs, Mauswiesel, Vielfraß, Baummarder oder Steinmarder: Sie gehören alle zur Familie der Marder, die um die 20 Gattungen mit 58 verschiedenen Arten umfasst.

Allesfresser

Der Steinmarder ist nicht besonders wählerisch in Bezug auf seine Mahlzeiten. Meistens frisst er Fleisch. Er fängt Mäuse, kleine Vögel, aber auch Insekten. Besonders gern mag er Eier. Er würde aber auch den Napf deiner Katze leer fressen, wenn er dazu Gelegenheit hätte.

Hühnermörder

Bricht ein Marder in einen Hühnerstall ein, tötet er oft alle Tiere, obwohl er gar nicht so viele fressen kann. Grund dafür ist ein Tötungsreflex, der von den wild umherflatternden Hühnern ausgelöst wird.

Nase voraus, Ohren auf

Marder haben gute Sinne. Am besten können sie riechen und hören. Um möglichst viele Gerüche und Geräusche einzufangen, richten sie sich auf und erkunden so ihre Umgebung. Haben sie ihre Beute entdeckt, schleichen sie sich lautlos an und schlagen blitzschnell zu.

Sich dünn machen

Wird der Steinmarder selbst angegriffen, flüchtet er in schmale Felsspalten oder Höhlen. Dort kann ihn weder die Eule noch der Fuchs erwischen, denn er kann sich erstaunlich dünn machen und noch durch die schmalste Ritze quetschen.

Blütenkelche im Mondlicht

Die meisten Pflanzen öffnen ihre Blüten tagsüber, wenn Bienen und andere Insekten unterwegs sind, um sie zu bestäuben. Es gibt aber auch solche, die nachts ihre Kelche öffnen. Sie locken mit ihrem Duft Nachtfalter und dadurch auch Fledermäuse an.

Einige Blumen, wie die Nachtkerze oder die Mondwinde, geben dir schon durch ihren Namen einen Hinweis darauf, wann sie am schönsten sind.

Düfte wie aus der Backstube

Düfte von Nelken, Vanille, Marzipan und Schokolade ziehen nachts durch die Luft. Backt dort etwa schon jemand Weihnachtskekse? Nein. Die Kuchendüfte kommen eindeutig aus dem Garten. Folge deiner Nase, dann entdeckst du rankende Gewächse und trompetenförmige Blüten.

52 Warum duften manche Blumen in der Nacht?

Nachtduftende Pflanzen locken mit ihrem Duft Nachtfalter an. Da diese Insekten auch erst in den Abendstunden und in der Nacht unterwegs sind, hätte es keinen Sinn, schon am Tag zu duften.

Die Drüsen, in denen sich der Duftstoff befindet, bleiben deshalb tagsüber verschlossen. In den Abendstunden öffnen sie sich dann.

Nur für Langrüssler

Die Blüten dieser Pflanzen sind lang und röhrenförmig. Durch diese Form locken sie vor allem eine besondere Art von Nachtfaltern an, die sogenannten Schwärmer mit langen Rüsseln.

Ein buntes Beet mit Ziertabak

Ab in die Pfeife?

Ziertabak zählt zwar zu den Tabakpflanzen, wird aber, wie der Name schon sagt, nur zu Zierzwecken angebaut. Spät nachmittags öffnet er seine Blüten. Er duftet sehr intensiv und erinnert dann an Nelken. Von Weiß über Grün bis hin zu verschiedenen Rottönen reicht seine Farbpalette.

Sternbalsam oder Nachtphlox?

Hinter beiden Namen verbirgt sich ein und dieselbe Pflanze. Am Tag kannst du sie recht leicht übersehen, denn sie wird nur ungefähr 30 Zentimeter hoch. Auch die kleinen sternförmigen Blüten, die am Tage geschlossen sind, wirken eher unscheinbar. Ihr Duft beeindruckt schon eher, denn sie riecht lecker nach Marzipan und Vanille.

Eine ganz besondere Mischung

Auch die Gichtpelargonie bringt weihnachtliche Gerüche in den Garten. Ihre gelbgrünen Blüten duften nach Marzipan in Kombination mit Banane.

Nachtphlox

Die zarten Blüten des Schokoladenweins

Hoch hinaus

Der Schokoladenwein hat seinen Namen von seinem Duft nach Schokolade. Du findest ihn auch unter dem Namen Klettergurke oder Akebia, das ist seine wissenschaftliche Bezeichnung.

Die Kletterpflanze mit den lila Blüten braucht wie anderer Wein eine Rankhilfe zum Wachsen. Sie kann bis zu zwölf Meter hoch werden. Im Herbst sind ihre Früchte reif. Sie schmecken leicht süßlich, aber kein bisschen nach Schokolade.

Weiße Blüten in schwarzer Nacht

Wenn sich der Abend über den Garten senkt, verblassen die Farben der Blumen. Achte einmal darauf, welche Farben zuerst „unsichtbar" werden. Grün, Blau und Rot wirst du in der Dämmerung bald nicht mehr voneinander unterscheiden können. Danach folgen Rosa und Hellblau. Am längsten sichtbar bleiben Weiß, Beige und sehr helle Pastelltöne.

Lila Mondwinden kannst du nachts nicht gut sehen.

Strahlkraft

54

Je heller die Blüte, desto besser ist sie nachts sichtbar. Das ist besonders für die Pflanzen wichtig, die Insekten nicht oder nicht nur über den Duft anlocken können. Den weißen, hellgelben oder cremefarbenen Blüten genügt schon ein wenig Mondlicht oder das Licht einer entfernten Straßenlaterne, um im Dunkeln aufzufallen.

Meist blüht die Mondwinde weiß.

Kleine Vollmonde

Die Mondwinde hat meist schneeweiße, kreisrunde Blüten, die bis zu 15 Zentimeter im Durchmesser groß werden können. In den Abendstunden öffnen sie sich wie im Zeitraffer und hängen dann wie lauter kleine Vollmonde an den dichten Blättern.

Reflektierende Blüten

Helle Blüten reflektieren kleinste Lichtmengen. Das heißt, sie werfen das Licht, das auf sie fällt, wieder in die Umgebung zurück.

Blüte auf, Blüte zu

Du kannst zusehen, wie sich die Blüten entfalten und schon einmal schnuppern. Denn mit dem Öffnen der Blüte beginnt die Mondwinde auch zu duften. Vor Tagesanbruch schließen sich die Blüten wieder. Mit ihnen wird auch der Duft eingeschlossen – bis zur nächsten Nacht.

Es gibt auch bunte Winden. Diese blühen tagsüber.

Garten der Düfte

In besonders warmen Regionen legten die Menschen schon vor Jahrhunderten Duftgärten an. In ihnen wuchsen nachtduftende Pflanzen, denn erst dann waren die Temperaturen so angenehm, dass man in den Gärten spazieren wollte.

Ausgetrickst

Willst du die Blüten der Mondwinde auch am Tag bewundern, musst du für einen schattigen Standort sorgen. Die zarten Blüten vertragen nämlich keine direkte Sonne. Ist der Tag aber trübe genug, schließen sie sich erst um die Mittagszeit.

Ein moderner Nachtgarten in Singapur

Eine Einladung für die Fledermaus

Wie wäre es, wenn du dir deinen Garten mit den Fledermäusen teilst? Keine Sorge, dazu musst du keinen Teil abtrennen, denn ihr nutzt den Garten zu unterschiedlichen Zeiten. Tagsüber tobst und spielst du dort und nachts holt sich die Fledermaus ihr Futter. Du kannst ihr helfen, damit ihr Tisch reich gedeckt ist.

Falterfutter

56

Viele Insekten werden von Pflanzen angelockt, die gut duften und viel Nektar zu bieten haben. Dazu zählen auch nachtduftende Pflanzen, die deswegen von Nachtfaltern angeflogen werden. Sie sind das Leibgericht der Fledermäuse, die den Faltern in deinen Garten folgen.

Auf den Leim gegangen

Das Abendduft-Leimkraut und das Nickende Leimkraut locken mit ihren Düften nach Marzipan und Hyazinthe nach Sonnenuntergang Falter an. Den Namen verdanken die Kräuter den in ihnen enthaltenen Schleimstoffen.

Ein Haus für die Fledermaus

Um Fledermäuse in deinen Garten zu locken, brauchen sie dort nicht unbedingt eine Wohnung. Für ein paar leckere Falter fliegen sie auch ein Stück. Wenn du ganz sichergehen möchtest, kannst du ihnen aber auch einen Unterschlupf bauen.

Nickendes Leimkraut

Gämsen im Garten

Das Gemshorn ist eine eher unscheinbare Pflanze. Doch wenn sie mit Beginn der Nacht ihre Blüten öffnet, verzaubert sie mit ihrem weihnachtlichen Duft jeden Gartenbesucher: Mensch und Insekt. Ihren Namen hat die Pflanze übrigens von der Form ihrer Samenschoten. Sie sehen wie das gebogene Horn einer Gämse aus.

Ist das abgestorbenes Gras?

Das könntest du denken, wenn du tagsüber die Abendlevkoje betrachtest. Doch so unauffällig sie am Tage ist, so würzig duften ihre zartrosa oder lila Blüten, wenn sie sich nach Sonnenuntergang aufrichten und öffnen.

Abendlevkojen

Blühende Nachtkerze

Ein Licht in der Nacht

Die Nachtkerze blüht nur kurz. In der Dämmerung erblüht sie und am Mittag darauf ist sie wieder verblüht. Den Nachtfaltern reicht diese Zeitspanne, um sie zu bestäuben und den süßen Nektar zu kosten. Besonders häufig ist der Nachtkerzenschwärmer an ihren Blüten zu beobachten.

Rasante Blüte

Um der Nachtkerze beim Öffnen zuzusehen, brauchst du nur wenig Zeit. Innerhalb einer Minute hat sie ihre Blüte komplett geöffnet. So schnell ist kaum eine andere Blume.

Eine Nacht in Uromas Garten

Früher gab es viel mehr Nutzgärten als heute. In ihnen wurden Obst, Gemüse und Kräuter für den Eigenverbrauch angepflanzt. Oft gab es aber auch ein Plätzchen zum Ausruhen und Entspannen. Dort wuchsen häufig abend- oder nachtduftende Pflanzen, damit die Bewohner nach getaner Arbeit auch noch Gartendüfte schnuppern konnten.

58

Das Gartengeißblatt

Uromas Duftlaube

Fragst du deine Urgroßeltern nach ihrer Lieblingspflanze für den Sitzplatz in den Abendstunden, hörst du vielleicht zwei Namen: Geißblatt und Jelängerjelieber. Beide Namen meinen dieselbe Pflanze. Abends duftet sie sehr verführerisch.

Klettern wie eine Geiß

Das Gartengeißblatt klettert gern und kann mehrere Meter hoch werden. Deshalb wurde es häufig zur Begrünung von Lauben genutzt, den sogenannten Geißblattlauben. Weil es aber nicht nur gut riecht, sondern auch sehr schön ist, bekam es zusätzlich den Namen Jelängerjelieber. Je länger man es anschaut, desto lieber wird es einem.

Verliebt in der Geißblattlaube

Der flämische Maler Peter Paul Rubens (1577–1640) malte sich selbst und seine Verlobte in einer Geißblattlaube. Die Pflanze galt damals als Sinnbild für ewige Treue.

Rubens und Isabella in der Geißblattlaube

Die Waschpflanze

Auch das Seifenkraut duftet nachts am stärksten. Das war aber nicht Uromas einziger Grund, die Pflanze anzubauen. Sie räumte ihr ein Fleckchen ein, weil sich aus der Wurzel Seife herstellen lässt. Zerkleinert und eingekocht lösen sich aus ihr die Waschsubstanzen.

Nachtschattengewächse

Der Name verwirrt, denn Nachtschattengewächse wachsen genauso am Tag wie andere Pflanzen auch. Einige Vertreter dieser Pflanzen, wie der Schwarze Nachtschatten, können durch ihren Geruch jedoch Kopfschmerzen und schlechte Träume auslösen. Das mittelalterliche Wort für Albträume war Nachtschaden und daraus wurde im Laufe der Jahre Nachtschatten.

Essbare Nachtschattengewächse

Du findest Nachtschattengewächse in jedem Gemüsegarten. Paprika, Tomaten und Kartoffeln, aber auch Auberginen und Chili zählen dazu.

Finger weg von der Engelstrompete!

Vorsicht, giftig!

Auch die Engelstrompete gehört zu den Nachtschattengewächsen, essbar ist sie aber nicht. Ganz im Gegenteil: Alle Pflanzenteile sind giftig! Schnuppern ist aber erlaubt. Sie duftet abends und nachts, wenn sie ihre Blüten öffnet.

Nächtliche Gehirne, Geräusche und Gestalten

Wenn du nachts schläfst, schläft dein Körper nicht ganz. Ein Teil deines Gehirns ist zum Beispiel noch wach und erzeugt Gefühle und Bilder. Dein Herz schlägt, du atmest und wenn du gerade einen Schnupfen hast, schnarchst du vielleicht sogar.

Andere Gestalten liegen da nicht so friedlich im Bett. Sie verwandeln sich im Mondschein, trinken Blut und schlafen tagsüber in Särgen. Oder etwa nicht?

Filme in der Nacht

Alle Menschen träumen, aber nicht alle können sich am nächsten Tag noch an ihre Träume erinnern. Manchmal ist nur ein schönes Gefühl beim Aufwachen übrig, ein anderes Mal kannst du vielleicht den ganzen Film erzählen, der sich in deinem Kopf abgespielt hat. Aber wo kommen Träume eigentlich her?

Reine Kopfsache

Träume entstehen, weil dein Gehirn in der Nacht die Erlebnisse des Tages verarbeitet. Das können Begegnungen mit Menschen sein, Sachen, die du gelernt hast, aber auch zukünftige Momente, vor denen du dich vielleicht fürchtest, wie die große Klassenarbeit.

Schlafhäppchen

Manchmal schläfst du ganz tief und bist dann kaum zu wecken. Ein anderes Mal wirst du schon beim kleinsten Geräusch wach. Das hängt mit den verschiedenen Schlafphasen zusammen, die jeder Mensch jede Nacht durchläuft. Eine Phase dauert etwa 90 Minuten. In ihr wechseln sich Tiefschlaf und leichterer Schlaf mit Traumphasen ab.

Träume über Träume

Je nachdem, wie lange du in der Nacht schläfst, träumst du fünf- bis sechsmal. Jeder Traum ist dabei neu und anders. Erinnern kannst du dich aber meistens nur an den letzten Traum vor dem Aufwachen.

Traumzeit

Die Phasen, in denen du träumst, nennen die Wissenschaftler REM-Phase. „REM“ ist die Abkürzung für die englische Bezeichnung „rapid eye movements“. Das bedeutet schnelle Augenbewegungen, denn in dieser Schlafphase bewegen sich die Augen hinter dem Augenlid ganz schnell hin und her, zum Beispiel weil du im Traum jemandem hinterherschaust.

Traumtagebuch

Kurz nach dem Aufstehen war der Traum, in dem du der Held warst, noch ganz deutlich. Aber schon nach dem Frühstück kannst du dich nicht mehr daran erinnern. Das geht den meisten Menschen so. Träume sind sehr flüchtig.

Willst du dir die tollen Traumabenteuer merken, ist es am besten, wenn du sie direkt nach dem Aufwachen aufschreibst. Falls dir das zu mühsam ist, kannst du sie jemandem erzählen. Auch dann bleiben sie länger im Gedächtnis.

Wovon Katzen träumen

Wahrscheinlich träumen Katzen genau wie du von Dingen, die sie tagsüber erlebt haben, wie zum Beispiel von der gefangenen Maus. Genau weiß das aber niemand. Sicher ist nur, dass sie träumen, denn auch bei ihnen bewegen sich die Augen hinter den Lidern im Schlaf.

Horrorfilme im Kopf

Nicht immer träumen wir gut. Manchmal haben wir auch schlechte Träume. Bist du auch schon einmal nachts aus einem bösen Traum hochgeschreckt, hattest Angst und konntest nicht mehr einschlafen? Dann hattest du einen Albtraum. Woher kommen diese nächtlichen Horrorgeschichten?

Träume würfeln

Träume, die guten wie die schlechten, entstehen in deinem Gehirn. Dort werden Dinge, die du erlebt hast, neu kombiniert, also zusammengesetzt. Das kannst du dir so ähnlich vorstellen wie beim Würfeln. Du weißt zwar, welche Würfel im Würfelbecher sind, aber nicht, welche Zahlen du gleich würfeln wirst.

Albtraum oder nicht?

Wenn du dich kurz vor dem Schlafengehen ärgerst oder fürchtest, kommt es wahrscheinlich häufiger vor, dass du schlecht träumst. Denn die Gefühle, die du kurz vor dem Zubettgehen hast, haben großen Einfluss auf deine Träume.

Albtraumfabrik

Zusammen mit den Erlebnissen kommen auch noch Gefühle, wie Angst, Scham, Wut oder Ärger, mit in den Becher. Weil nachts vor allem die Teile im Gehirn arbeiten, die für die Gefühle zuständig sind, erscheinen auch die unangenehmen Gefühle im Traum so besonders furchterregend.

In deinen Träumen werden deine Erlebnisse und Gefühle bunt zusammengewürfelt.

Immer derselbe Traum

Es gibt Elemente in Albträumen, die besonders häufig wiederkehren. Viele Menschen träumen zum Beispiel, dass sie verfolgt werden, aber nicht von der Stelle kommen. Sie möchten schreien, bringen aber keinen Ton heraus. Oder sie fallen, fallen und fallen und der Sturz hört gar nicht auf.

Albtraum oder Elfentraum?

Früher glaubten die Menschen, dass sie schlecht träumen, weil ihnen nachts eine Elfe auf der Brust sitzt und ihnen die Luft abdrückt. Der alte deutsche Name für „Elfe" war „Alb". So entstand das Wort Albtraum.

So einen Traumfänger kannst du dir selbst basteln. Wie das geht, erfährst du auf S. 98.

Die Traumherrschaft übernehmen

65

Hast du immer denselben schrecklichen Traum, kannst du dir, wenn du wach bist, auch einen anderen Verlauf ausdenken. Stell dir zum Beispiel vor, wie du das Monster besiegst oder wie sich dein Fallschirm öffnet und du sanft zur Erde gleitest, anstatt zu fallen.

Dem Schrecken ein Ende

Wie gut, dass du wie jeder andere Mensch aus dem schlechten Traum aufwachen kannst. Noch besser wäre es aber, gar nicht erst so erschreckt zu werden. Oft hilft es schon, vor dem Schlafen keine allzu spannenden Bücher zu lesen oder gruselige Filme anzusehen.

Mit Nachtmütze auf dem Dachfirst

Auf alten Bildern sehen so die Menschen aus, die schlafwandeln. Die Arme nach vorn ausgestreckt, balancieren sie im Mondschein auf dem Dach. Heute trägt niemand mehr eine Nachtmütze und die meisten schlafenden Menschen schaffen es auch nicht bis auf das Dach. Schlafwandler gibt es aber schon.

Pssst!

Wenn du einem Schlafwandler begegnest, solltest du ihn nicht wecken. Er könnte sich sonst sehr erschrecken und dadurch verletzen. Nimm ihn lieber vorsichtig bei der Hand und führe ihn langsam zurück ins Bett.

Barfuß in der Nacht unterwegs

66

Mitten in der Nacht steigen die Schlafwandler aus dem Bett und wandern durch das Haus oder die Wohnung. Manchmal dauert das nur ein paar Minuten, einige Schlafwandler sind aber auch bis zu einer halben Stunde unterwegs.

Schlafwandeln alle Menschen?

Zum Glück nicht. Das wäre sonst ein ganz schöner Betrieb in der Nacht. Schlafwandeln kommt besonders häufig bei Kindern und Jugendlichen vor, weil bei ihnen das Gehirn und die Nerven noch nicht vollständig entwickelt sind. Bei Erwachsenen ist das nächtliche Umherstreifen nur noch ganz selten.

Bist du wach?

Nicht alle Schlafwandler stehen aus dem Bett auf. Es kann auch sein, dass sie sich nur hinsetzen und herumschauen. Du könntest dann sogar mit der Person reden und vermutlich antwortet sie dir auch. Dass sie schlafwandelt, erkennst du an dem starren Blick. Wenn du sie am nächsten Tag darauf ansprichst, kann sie sich an nichts erinnern. Das ist bei allen Schlafwandlern so.

Schlafendes Gehirn, wacher Körper

Schlafwandler haben eine Art Aufwachstörung. Der Übergang von der Tiefschlafphase in die Wachphase funktioniert bei ihnen nicht richtig. Ihr Körper ist schon wach, das Gehirn schläft aber noch tief und fest.

Voll gefährlich!

Wenn du schlafwandelst, nimmst du deine Umgebung nicht richtig wahr und erkennst gefährliche Situationen nicht. Schlafwandler bringen sich deshalb oft unbeabsichtigt in Gefahr.

Sie verlassen das Haus, steigen über Balkongeländer oder stolpern über Gegenstände. Es gibt sogar Schlafwandler, die sich die Finger am Herd verbrennen, weil sie nachts kochen, ohne es zu wissen.

Baumstämme im Bett

Von Menschen, die laut schnarchen, wird gern behauptet, dass sie nachts ganze Baumstämme durchsägen. Ein Geräusch, so laut wie eine Motorsäge. Wenn du mit einem Schnarcher im selben Zimmer schlafen musst, machst du vielleicht die ganze Nacht kein Auge zu.

Papa schnarcht, Mama nicht

68

Häufig ist es wirklich so, dass Männer mehr schnarchen als Frauen. Das hat etwas mit den Hormonen im Körper zu tun. Erst wenn Frauen älter werden und sich die Hormone in ihrem Körper verändern, schnarchen auch sie mehr. Kinder schnarchen eher selten.

Kinder schnarchen nur ganz selten.

Geräuschvolle Gören

Wenn Kinder schnarchen, kann das mehrere Ursachen haben. Sie haben vielleicht Schnupfen oder zu große Mandeln, die der Luft den Weg versperren.

Wo kommt der Krach her?

Das nervende Geräusch entsteht hinten im Rachenraum. Dort befindet sich das Gaumensegel. Es wird auch Zäpfchen genannt. Du kannst es sehen, wenn du vor dem Spiegel den Mund ganz weit aufmachst.

Im Schlaf entspannt sich die ganze Muskulatur. Das Gaumensegel und die seitlichen Muskeln im Mund werden ganz schlaff und flattern in der ein- und ausströmenden Luft.

Nur laut oder auch gefährlich?

Bei manchen Menschen setzt beim Schnarchen die Atmung aus. Das heißt, sie holen für längere Zeit keine Luft mehr. Dann wird der Körper nicht mehr ausreichend mit Sauerstoff versorgt. Wissenschaftler sprechen dann von einer Schlafapnoe. Sie muss behandelt werden, weil sie lebensbedrohlich sein kann.

Die Nase zuzuhalten hilft leider meist auch nicht.

Ich doch nicht!

Wenn du schnarchst, merkst du das meistens nicht. Deshalb streiten die meisten Menschen ab, dass sie zu den nächtlichen Geräuschmachern gehören.

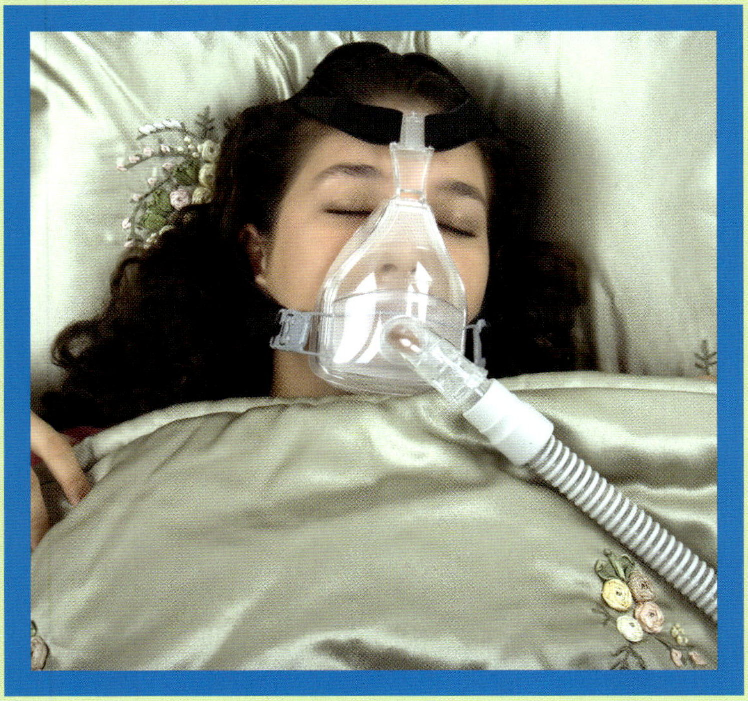

Eine Schlafapnoe kann mit einer solchen Maske behandelt werden.

Schluss mit Schnarchen

Es gibt viele Dinge, die gegen das Schnarchen helfen sollen: Nasenpflaster, Nasenklammern, Nackenkissen, in den Schlafanzug eingenähte Tennisbälle, die verhindern, dass sich der Schläfer auf den Rücken dreht, Pillen, Pflästerchen und allerlei anderes.

Lärmstopp

Die meisten Dinge helfen aber nicht. Vor allem dir nicht, wenn du mit einem Schnarcher im selben Zimmer schlafen musst. Da helfen nur die guten alten Ohrstöpsel. Mit ihnen lässt du den Lärm aus dem Nachbarbett gar nicht erst in deine Ohren rein.

Im Schlaf ausgesaugt

Sie scheuen das Licht, schlafen in Särgen und saugen schlafenden Menschen das Blut aus. So berichten es zumindest die Legenden von den Vampiren. Woher kommen diese Geschichten und was ist da Wahres dran?

Ein blutrünstiger Herrscher

Im 15. Jahrhundert herrschte in der Walachei, einer Gegend in Rumänien, ein Fürst mit dem Namen Vlad III. Drăculea (1431–1476). Er soll grausam und blutrünstig gewesen sein. So ließ er angeblich seine Feinde bei lebendigem Leib auf Holzpfähle spießen und dort elendig zugrunde gehen. Vlad III. wurde später die Vorlage für die Romanfigur Dracula.

Graf Dracula

Der Schauerroman „Dracula“, geschrieben von dem Iren Bram Stoker (1847–1912), erschien 1897. Die Hauptfigur ist ein bleicher Graf mit spitzen Eckzähnen, der in einem schaurigen Schloss in Transsilvanien haust. Diese Romanfigur wurde zur Legende und löste einen wahren Vampirkult aus.

Transsilvanien

Den Landstrich mit dem klangvollen Namen findest du in Rumänien. Dort kannst du auch das Schloss Bran, den angeblichen Wohnsitz des unheimlichen Grafen, besichtigen.

Was ist ein Vampir?

Das ist eine herrlich gruselige, erfundene Figur: ein Untoter, der nicht sterben kann und nachts das Blut von Menschen trinkt, die dann ebenfalls zu Vampiren werden.

Vampire schlafen tagsüber in Särgen, vertragen kein Sonnenlicht, hassen Knoblauch, Weihrauch und christliche Kreuze. Einen Vampir kannst du nur besiegen, wenn du ihm einen Holzpflock mitten ins Herz stößt.

Fledermaus = Vampir

Oft haben Vampire ähnliche Eigenschaften und Fähigkeiten wie Fledermäuse. Sie ernähren sich von Blut, können fliegen und tragen einen weiten dunklen Umhang, der an die ausgebreiteten Flügel der Fledermaus erinnert. So kommt es, dass Menschen, die sich vor Vampiren fürchten, häufig auch keine Fledermäuse mögen.

Haufenweise Vampire

Wahrscheinlich kennst du außer Graf Dracula noch eine Menge anderer Vampirgeschichten. Manche sind sehr gruselig, andere sogar lustig. Vielleicht bist du auch schon als Vampir verkleidet zum Fasching gegangen.

Weißes Gesicht, blutrote Lippen, spitze Zähne aus Plastik und ein Umhang reichen aus, damit dich jeder sofort als Vampir erkennt. Hoffentlich hat dann niemand Knoblauch dabei!

Wolfsmenschen

Ähnlich furchterregend wie ein Vampir ist der Werwolf. Die meisten Menschen finden bereits einen Wolf unheimlich. Wie viel unheimlicher ist dann erst der Werwolf, eine Bestie, die halb Mann, halb Wolf ist?

Eine uralte Geschichte

Die Geschichte, dass sich ein Mann bei Vollmond verwandelt und die Gestalt eines Wolfes annimmt, ist uralt. Schon seit Jahrhunderten erzählen sich Menschen diese Schauergeschichte und auch heute gibt es noch in einigen Regionen der Welt Menschen, die fest davon überzeugt sind, einen Werwolf gesehen zu haben.

Grausige Verwandlung

Glaubt man den alten Legenden, verwandeln sich Werwölfe bei Vollmond. Aus einem Mann, der sonst ganz harmlos wirkt, wird dann ein Tier mit zotteligem Fell, scharfen Reißzähnen und blutunterlaufenen, leuchtenden Augen.

Neuere Geschichten berichten außerdem, dass sich Menschen, die von einem Werwolf gebissen wurden, ebenfalls in einen Werwolf verwandeln.

Werwolf = Mannwolf

Der Name der Gruselgestalt bedeutet übersetzt Mannwolf. „Wer“ ist die germanische Bezeichnung für „Mann“. Weibliche Werwölfe gibt es nicht.

Unschuldig hingerichtet

Wo immer ein Kind verschwand oder Vieh gerissen wurde, behauptete man, das sei ein Werwolf gewesen. Ganz schnell konnte man so einen Mann loswerden, den man nicht leiden konnte. Da kaum ein Angeklagter beweisen konnte, dass er kein Werwolf war, wurden die meisten beschuldigten Männer hingerichtet.

Pakt mit dem Teufel

In den alten Geschichten wird erzählt, dass Werwölfe einen Handel mit dem Teufel eingegangen sind. Die Männer verkauften ihm ihre Seele, im Gegenzug dazu bekamen sie einen Gürtel aus Wolfsfell geschenkt. Legten sie diesen Gürtel um, konnten sie sich bei Vollmond in einen Wolf verwandeln.

Werwölfe erledigen

In alten Geschichten und Legenden heißt es, man müsse die Bestien mit einer Pistole erschießen, die mit einer Silberkugel geladen ist. Aber keine Sorge, Werwölfe gibt es nicht wirklich.

Werwölfe vor Gericht

Kannst du dir vorstellen, dass man einen Werwolf vor Gericht stellt? Wahrscheinlich nicht, dabei ist das tatsächlich passiert. Und zwar nicht nur einmal, sondern tausendfach. Das geschah zwischen 1520 und 1630.

Keine Nacht wie jede andere

Es gibt Nächte, die sind etwas ganz Besonderes. Deshalb werden sie gefeiert. Einige, wie Mittsommer, nur in bestimmten Ländern, andere, wie Silvester, auf der ganzen Welt.

In manchen Nächten treiben aber auch Hexen und Geister ihr Unwesen. Häufig wird getanzt und manchmal gibt es sogar Geschenke. Aufzubleiben und mitzufeiern macht sicher auch dir viel Spaß.

Wenn Korken und Raketen knallen

Fast überall auf der Welt wird in der Silvesternacht das alte Jahr verabschiedet und um Punkt Mitternacht das neue Jahr begrüßt. Es werden Raketen und Böller gezündet und die Erwachsenen stoßen mit Sekt oder Champagner auf „Ein Frohes Neues" an. Selbst die Kinder dürfen in dieser Nacht aufbleiben und das Feuerwerk ansehen.

Auch Wunderkerzen werden zu Silvester gern angezündet.

76

Mordsgetöse in der Nacht

Der Brauch, in der Silvesternacht einen Heidenlärm zu veranstalten, ist schon sehr alt. Mit dem Krach sollten die bösen Geister vertrieben werden. Früher nahm man alte Töpfe und Pfannen und warf sie auf die Straße, in den Dörfern läuteten die Kirchenglocken und wer ein Gewehr hatte, schoss damit in die Luft.

Feuerwerk rund um den Globus

Heute steigen farbenprächtige Raketen in den Himmel, Feuerkreisel drehen sich wie wild und Knaller aller Art explodieren lautstark. In den Hauptstädten werden dann oft ganz besonders prächtige Feuerwerke entzündet.

Anfang und Ende

Nur wer nach dem gregorianischen Kalender lebt, feiert das Ende des alten Jahres am 31. Dezember und Neujahr am 1. Januar. Das chinesische Neujahrsfest zum Beispiel findet erst später im Jahr statt.

Kinderkrach erwünscht

In einigen Regionen Norddeutschlands gibt es den Brauch des Rummelpottlaufens. Rummeln heißt so viel wie Lärm machen, poltern. Verkleidete Kinder laufen mit einem selbst gebastelten Rummelpott von Tür zu Tür und machen dort mit dem Topf Krach. Sie sagen Verse auf oder singen Rummelpottlieder und bekommen dafür Süßigkeiten geschenkt.

Gute Vorsätze

In der Silvesternacht fassen viele Menschen gute Vorsätze für das neue Jahr. Hast du das auch schon einmal gemacht? Man nimmt sich zum Beispiel vor, die Schwester nicht mehr so oft zu ärgern. Oft hält man sich aber schon nach kurzer Zeit nicht mehr daran.

Glücksbringer

Glücksbringer

Das neue Jahr soll Glück bringen. Deshalb werden zu Silvester oft Glücksbringer verschenkt. Es gibt weltweit auch eine ganze Reihe von Glücksbräuchen.

Die Italiener tragen rote Unterwäsche, die Spanier essen zwölf Trauben, bis der zwölfte Glockenschlag verklungen ist. Und wenn du die Schuppe eines Silvesterkarpfens in dein Portemonnaie legst, wird dir das Taschengeld sicher nie ausgehen.

Kleine Monster an der Tür

Jedes Jahr am 31. Oktober verkleiden sich Kinder und Jugendliche als Hexen, Teufel, Zauberer oder Monster. In ihren gruseligen Kostümen ziehen sie in der Dunkelheit von Tür zu Tür und bitten um Süßigkeiten. Wehe dem, der ihnen nichts gibt!

Trick or Treat

Den Schlachtruf „Süßes oder Saures" hast du vielleicht selbst schon einmal den Nachbarn entgegengerufen, die dir an Halloween die Tür geöffnet haben. Er ist die ungefähre Übersetzung des englischen „Trick or Treat". Das ist eine knappe Aufforderung, Süßes herauszurücken. Daneben gibt es eine Reihe von kleinen Gedichten und Sprüchen, die ihr an der Tür aufsagen könnt.

Saures geben

Dem Brauch zufolge muss derjenige, der nichts Süßes herausrückt, mit einem Streich rechnen, dem „Trick". Beschmierte Türklinken oder Eier an der Hauswand sind in den USA keine Seltenheit.

Geisterspruch

„Wir sind die kleinen Geister
und essen gerne Kleister.
Wenn Sie uns nichts Süßes geben,
bleiben wir hier Stunden kleben."

Zum Fürchten

Das Wichtigste an Halloween ist die Verkleidung. Sie soll möglichst gruselig und furchterregend sein. Aber warum eigentlich? Früher glaubten die Menschen, dass die Geister der Toten in dieser Nacht umherwandern. Mit den gruseligen Kostümen sollten die Geister in die Irre geführt werden und glauben, dass man bereits einer von ihnen ist.

Wie Halloween zu seinem Namen kam

Halloween ist eine Abkürzung für das englische „All Hallows Eve". Es bedeutet „Abend aller Heiligen", meint also den Abend vor Allerheiligen. Allerheiligen, der Tag, an dem die Christen ihrer Heiligen gedenken, wird am 1. November gefeiert, also dem Tag nach Halloween.

Kürbislaternen überall

Schnitzt du zu Halloween auch eine Kürbislaterne? Wahrscheinlich, denn die Kürbisfratzen sind für die meisten Menschen untrennbar mit Halloween verbunden. Der Brauch, Kürbisse auszuhöhlen und zu verzieren, geht auf eine irische Sage zurück, in der ein Mann namens Jack den Teufel überlistete. In Irland heißt der grinsende Kürbis deshalb „Jack-o'-lantern": „Jack mit der Laterne".

Wo wird die Nacht zum Tag?

In Schweden und einigen anderen nördlichen Ländern wird ein Tag um die Sommersonnenwende herum mit einem großen Fest gefeiert: dem Mittsommerfest. Häufig kommen dann die Familienmitglieder aus dem ganzen Land zusammen, um gemeinsam den längsten Tag des Jahres zu feiern.

Mittsommertanz

Langer Tag – kurze Nacht

80

Am 21. Juni beginnt auf der nördlichen Erdhalbkugel der Sommer. Es ist Sommeranfang oder Sommersonnenwende. An diesem Tag steht die Sonne am längsten am Himmel und die Nacht ist am kürzesten.

Weiße Nächte

Die kurzen Nächte rund um den 21. Juni nennt man auch „Weiße Nächte“, weil die Sonne nur ganz kurz oder auch gar nicht mehr untergeht. Je weiter du im Norden bist, desto kürzer ist es dann dunkel.

Wann ist Mittsommer?

Neben Weihnachten ist Mittsommer das wichtigste Fest in Schweden. Der Mittsommertag wird dort immer an dem Samstag gefeiert, der dem 21. Juni am nächsten ist.

Der Mittsommerabend ist der Abend vor Mittsommer. Er fällt deshalb immer auf einen Freitag. Viele Geschäfte haben dann zu und die Menschen fahren zum Feiern aufs Land.

Zum Mittsommerfest schmücken sich die Schwedinnen mit Blumenkränzen.

Ein ganz besonderer Baum

Zu Mittsommer schmücken die Schweden eine lange Stange mit Blättern und Blumen. Anschließend wird der Mittsommerbaum aufgerichtet und alle tanzen im Kreis um ihn herum. Besonders viel Spaß haben alle bei einem Tanz, zu dem ein Kinderlied über einen Frosch gesungen wird. Selbst die Erwachsenen hüpfen dazu quakend umher.

Das Blumenorakel soll den zukünftigen Ehemann verraten.

Schwedisches Festmahl

Lädt man dich zum Mittsommerfest ein, bekommst du neue Kartoffeln und Sil, das ist eingelegter Hering, serviert. Dazu gibt es noch Knäckebrot und Käse und zum Nachtisch frische Erdbeeren mit Sahne.

Hhmm, lecker: ein traditionelles Mittsommer-Gericht!

Das Blumenorakel

Früher glaubte man, dass die Mittsommernacht magisch ist. Aus dieser Zeit stammt der Brauch, dass die Mädchen Blumen pflücken, um zu erfahren, wen sie später einmal heiraten werden.

Sieben Sorten von sieben verschiedenen Wiesen sollten es möglichst sein. Sie kommen unter das Kopfkissen. Im Traum soll ihnen dann ihr zukünftiger Mann erscheinen. Wer das ist, bleibt natürlich geheim.

Mit dem Besen auf den Berg

Kennst du Bibi Blocksberg oder das Buch „Die kleine Hexe“ von Otfried Preußler (1923–2013)? Falls ja, dann weißt du sicher auch, dass sich die Hexen in der Walpurgisnacht auf dem Brocken, das ist ein Berg im Harz, versammeln und feiern. Den Berg gibt es wirklich, die Walpurgisnacht auch. Und die Hexen?

Hexen im Anflug

Der Sage nach treffen sich die Hexen jedes Jahr in der Nacht vom 30. April auf den 1. Mai auf dem Hexentanzplatz bei Thale, einer Stadt im Harz in Deutschland. Von dort fliegen sie gemeinsam auf Besen oder Mistgabeln auf den Brocken.

Wildes Hexentreiben

Zusammen mit dem Teufel, ihrem Meister, feiern sie auf dem Brocken ein wildes Fest. Sie tanzen und springen um das Feuer und erhalten vom Teufel neue Zauberkräfte. Erst wenn der Tag anbricht, hat der Spuk ein Ende.

Auf dem Brocken

Der Brocken ist mit 1141 Metern der höchste Berg im Harz. Er wird auch Blocksberg genannt und ist ein beliebtes Ausflugsziel für Wanderer.

Moderne Hexen

Auch heute noch treffen sich in der Walpurgisnacht auf dem Brocken jede Menge Hexen und Teufel. Du brauchst aber keine Angst zu haben, denn sie sind nur verkleidet und haben überhaupt keine Zauberkräfte.

Hexen und Heilige

Namensgeberin für die Walpurgisnacht war die Klostervorsteherin Walpurga (710–779) oder auch Walpurgis oder Walburga. Ihr Namenstag war am 1. Mai und das ist auch das Datum ihrer Heiligsprechung. Sie soll mehrere Wunder vollbracht haben und galt als Schutzpatronin gegen böse Geister.

Tanz in den Mai

An vielen Orten in Deutschland wird in der Walpurgisnacht gefeiert. Bei euch auch? Der Mai wird mit Feuer, Tanz und Gesang begrüßt. Ist das Feuer weit genug heruntergebrannt, springen Verliebte Hand in Hand darüber. Lassen sie sich dabei nicht los, sollen sie der Legende nach noch lange zusammen glücklich sein.

Schabernack oder doch Zauberei?

In manchen Gegenden ziehen Kinder in der Dunkelheit umher und spielen den Erwachsenen kleine Streiche. Sie verstecken Schlüssel oder bringen Dinge durcheinander.

Dunkelheit, die ewig dauert

Es gibt Regionen auf der Erde, in denen ist es monatelang dunkel. Es herrscht Polarnacht. Sie kann bis zu sechs Monate dauern. Kannst du dir vorstellen, wie es ist, wenn es ein halbes Jahr lang selbst am Tag nie hell wird?

Polarnacht – Polartag

84

Wenn die Sonne länger als 24 Stunden nicht über den Horizont kommt, spricht man von einer Polarnacht. Das Gegenteil davon ist der Polartag. An ihm sinkt die Sonne nicht unter den Horizont und es bleibt auch in der Nacht hell.

Alles eine Frage der Neigung

Vielleicht fragst du dich, wieso es an manchen Orten auf der Welt so lange dunkel ist? Der Grund dafür ist der Winkel, in dem die Erde zur Sonne hin geneigt ist. Er beträgt 23,4 Grad. Die Erde hat also eine ganz schöne Schieflage. Im Gebiet der Pole und der Polarkreise ist dann je nach Jahreszeit entweder lange Nacht oder lange Tag.

Warum herrscht nicht überall Polarnacht?

Die Polarnacht tritt nur zwischen den Polen und den jeweiligen Polarkreisen auf. Am Polarkreis dauert sie 24 Stunden. Befindest du dich näher am Pol, wird die Nacht länger. Direkt am Pol beträgt sie ein halbes Jahr.

Dunkle Winter – helle Sommer

Durch die Neigung der Erde zur Sonne ist es am Nordpol im Winter lange dunkel und im Sommer lange hell. Am Südpol ist es entsprechend umgekehrt. Nach ungefähr einem halben Jahr wechseln sich Polarnacht und Polartag ab.

Wenn die Mützen in die Luft fliegen

Bei den Menschen in Qaanaaq im nördlichen Grönland dauert die Polarnacht vier lange Monate. Steigt die Sonne dann das erste Mal wieder über den Horizont, wird sie mit einem Lied begrüßt und die Bewohner werfen ihre Mützen in die Höhe.

Die Hand vor Augen sehen

Wenn die Sonne ganz tief unter dem Horizont steht, ist es stockdunkel: so dunkel wie die Nächte, die du kennst. Befindet sich die Sonne aber nur knapp unter dem Horizont, sieht die Polarnacht eher wie Dämmerung aus.

Reflektiert der Schnee das restliche Licht zusätzlich, ist es gleich noch ein bisschen heller. Trotzdem leiden viele Menschen in der Polarnacht unter der Dunkelheit und bekommen schlechte Laune.

Die Nacht der Lichter und Geschenke

Die Nacht vom 24. auf den 25. Dezember hat viele Namen: Heilige Nacht, Christnacht oder auch Heiligabend. Wahrscheinlich freust du dich wie jedes andere Kind besonders auf diesen Abend, denn dann wird mit der Familie gefeiert und es gibt Geschenke.

In England und den USA hängen die Kinder große Strümpfe an den Kamin, in die der Weihnachtsmann in der Nacht vom 24. auf den 25. Dezember ihre Geschenke steckt.

Schöne Bescherung

In Mitteleuropa findet die Bescherung meist am 24. Dezember, an Heiligabend, statt. Das ist genauso wie in den nordischen Ländern, in Polen oder Ungarn. In anderen Ländern wie den USA oder England müssen sich die Kinder bis zum Morgen des 25. Dezember gedulden, bis sie ihre Geschenke auspacken dürfen.

Ein Grund zum Feiern

Hast du schon einmal darüber nachgedacht, warum du zu Weihnachten Geschenke bekommst? Grund dafür ist die Geburt von Jesus Christus. Er wurde von Maria in einem Stall in Bethlehem zur Welt gebracht. Daran glauben die Christen und feiern seitdem den Geburtstag von Gottes Sohn.

Jesu Geschenke

Auch das Jesuskind bekam Geschenke überreicht. Die Heiligen Drei Könige brachten ihm zu seiner Geburt Gold, Weihrauch und Myrrhe.

Ein christliches Fest

In anderen Religionen, wie dem Buddhismus oder dem Islam, wird Jesu Geburtstag nicht gefeiert und Geschenke gibt es deshalb auch nicht. Dafür gibt es dort andere Feiertage. Übrigens: Das Datum für Christi Geburt und das Weihnachtsfest wurde im 4. Jahrhundert vom damaligen Kaiser einfach festgelegt. In der Bibel steht nämlich kein Geburtsdatum.

Bestimmt durftest du auch schon einmal beim Schmücken des Weihnachtsbaums helfen.

Das Licht der Welt

Das Datum ist trotzdem kein Zufall, denn zur Wintersonnenwende, die am 21. Dezember ist, wurden schon immer große Lichtfeste gefeiert. Jesus wird in den Schriften auch oft als „Licht der Welt" oder als „Licht Gottes" beschrieben. So lag es vermutlich nahe, auch seinen Geburtstag um die Wintersonnenwende herum zu feiern.

Russische Weihnacht

Bevor Weihnachten auf das heutige Datum verlegt wurde, feierte man am 6. Januar. Die christlich-orthodoxe Kirche hat dieses Datum beibehalten. Deshalb feiern zum Beispiel viele russische Christen erst 13 Tage später als du.

Ein Mann – viele Namen

In Russland heißt der Weihnachtsmann Väterchen Frost, in den USA Santa Claus, in Frankreich wird er Papa Noël genannt und in den Niederlanden Kerstmann.

Raue Nächte – Rauchnächte

Die Raunächte sind eine geheimnisvolle und manchmal auch ein wenig unheimliche Zeit. In ihnen treiben zottelige Dämonen ihr Unwesen und haufenweise Geister ziehen umher. Viele Bräuche ranken sich seit Urzeiten um die zwölf dunklen Nächte rund um den Jahreswechsel.

Benannt nach einem Dämon?

Woher die Raunächte ihren Namen haben, ist nicht vollständig geklärt. Klar, du könntest jetzt denken, der Name „rau“ bezieht sich auf das Wetter und die Kälte, die in dieser Jahreszeit herrschen.

Wahrscheinlicher ist aber, dass der Name auf das mittelhochdeutsche Wort „ruch“ zurückgeht. Das bedeutet „haarig“ und könnte ein Hinweis auf die Dämonen mit dem zotteligen Fell sein.

Ausgeräuchert

Die Raunächte werden auch Rauchnächte genannt. Diesen Namen bekamen die zwölf Nächte, weil die Menschen in dieser Zeit ihre Ställe und Häuser mit Weihrauch, Harzen oder Kräutern ausräucherten. So wollten sie sich vor den umherziehenden Dämonen schützen.

Die wilde Jagd

Der Sage nach soll in den Raunächten der germanische Gott Wodan mit einer laut kläffenden Hundemeute über den Himmel reiten und eine Schar von Geistern anführen.

Bis zwölf zählen

Der Zeitraum für die Raunächte wird unterschiedlich angegeben. Eine Zählweise beginnt bereits am Thomastag, dem 21. Dezember. Sie endet am Dreikönigstag, dem 6. Januar.

Fällt dir etwas auf? Richtig, das sind mehr als zwölf Nächte, deshalb werden bei dieser Zählung die vier Sonn- und Festtage nicht mitgezählt. Ein anderer üblicher Zeitraum geht vom 25. Dezember bis zum 6. Januar.

Der Blick in die Zukunft

Dem Volksglauben nach sollen die Raunächte besonders geeignet sein, um einen Blick in die Zukunft zu werfen. So wurde das Wetter für die nächsten zwölf Monate vorhergesagt. Das Wetter einer Nacht stand dann für einen kommenden Monat.

Die zweigesichtige Frau Percht

In einigen Gegenden treiben die Dämonen auch heute noch in den Raunächten ihr Unwesen. Das glaubst du nicht? Kannst du aber, denn in Bayern in Deutschland und Tirol in Österreich ziehen dann die Perchten mit einem Höllenkrach über das Land.

Sie tragen handgeschnitzte, furchterregende Masken und zottelige Umhänge. Wichtigste Figur dieser Perchtenumzüge ist die zweigesichtige Frau Percht. Vorn lacht die Sonne und hinten grinst der Teufel.

Auf, auf, hinaus in die Nacht!

Jetzt, da du weißt, was alles in der Nacht geschieht und wer dann unterwegs ist, möchtest du vielleicht selbst einmal die Nacht draußen verbringen. Dort kannst du ein Lagerfeuer machen und Brot rösten oder Tiere beobachten.

Willst du lieber drinnen bleiben? Dann erzähl deinen Freunden doch eine tolle Gruselgeschichte, bastelt einen Traumfänger oder kocht so richtig schauerliche Glibberhände für Halloween.

Am Lagerfeuer

An einem warmen Sommerabend lange draußen zu sein, ist herrlich. Noch schöner wird es, wenn du dann auch noch nachts an einem Lagerfeuer sitzen und Stockbrot backen kannst. Frage deine Eltern doch einfach, ob ihr nicht einen Abend in den Ferien so verbringen könnt.

Vorsicht Feuer!

Zuerst braucht ihr einen geeigneten Platz für euer Lagerfeuer. Büsche und Bäume müssen so weit entfernt sein, dass sie sich nicht durch Funken entzünden können.

92

Schichtet das Feuerholz auf einen nicht brennbaren Untergrund. Das kann eine stabile Metallplatte sein, ihr könnt aber auch einen Kreis aus Steinen legen oder eine kleine Erdgrube ausheben. Wenn ihr Feuer macht, ist es ganz wichtig, dass immer ein Erwachsener dabei ist!

Prima Zunder

Birkenrinde ist ein perfekter Anzünder für dein Lagerfeuer. Sie lässt sich sogar noch entzünden, wenn sie nass geworden ist.

Schicht um Schicht

Damit das Feuer gut brennt, schichtest du das Holz in Form eines Indianertipis auf. Zuunterst legst du ein Stück zusammengeknülltes Zeitungspapier, darauf kommen Holzspäne und kleine Holzstücke. Die größeren Zweige und Äste stellst du aufrecht darum herum. Entzünde den Stapel von unten. Wenn es richtig brennt, kannst du nach und nach dickere Holzscheite nachlegen.

Stockbrot am Feuer rösten

Hast du schon einmal Brot gebacken? Nicht? Dann kommt hier ein ganz einfaches Rezept, mit dem du einen leckeren Teig für Stockbrot herstellen kannst.

Das brauchst du:

400 Gramm Mehl, 50 Gramm Margarine, ½ Teelöffel Salz, 2 Teelöffel Backpulver, ⅛ Liter Milch, eine Schüssel, pro Person einen langen, möglichst geraden Stock.

So stellst du den Teig her

Mische in der Schüssel das Mehl mit dem Backpulver und dem Salz. Füge die Margarine hinzu und verknete alles. Dann gießt du die Milch dazu und knetest den Teig, bis alle Zutaten gut miteinander vermischt sind. Anschließend teilst du den Teig in mehrere gleich große Teile.

Ab auf den Stock

Aus jedem Stück Teig formst du einen Strang. Er sollte ungefähr einen Zentimeter dick und 15 Zentimeter lang sein. Ihn wickelst du spiralförmig um das vorher gesäuberte Stockende.

Halte das Stockbrot über die Glut und drehe es ab und zu, damit es von allen Seiten schön gleichmäßig gebacken wird. Nach etwa fünf Minuten kannst du kosten. Vorsicht, heiß!

Durch die Nacht wandern

Normalerweise schläfst du ja in der Nacht, deshalb ist eine Nachtwanderung etwas ganz Besonderes. Es muss auch gar nicht unbedingt Nacht sein – Hauptsache, es ist schon dunkel. Denn schließlich soll es ja auch ein bisschen gruselig sein.

Marschgepäck

Für einen längeren Spaziergang im Dunkeln sind feste Schuhe Pflicht. Darin knickst du nicht so leicht um, wenn du auf Zweige oder Unebenheiten trittst. Pack eine Taschenlampe und etwas Proviant in einen kleinen Rucksack und steck auch etwas zu trinken ein. Los geht's!

Ist das immer so laut?

Nachts sehen der Wald und die Wiese ganz anders aus, als du es gewohnt bist. Auch die Geräusche erscheinen dir viel lauter. Das liegt daran, dass es nachts insgesamt weniger Geräusche gibt als am Tag. Nun kannst du plötzlich auch die Tiere hören, die unterwegs sind. Das kann schon ungewohnt oder sogar unheimlich sein.

Picknick im Dunkeln

Was haltet ihr davon, euer Nachtmahl auf einem Hochsitz einzunehmen? Dort habt ihr nicht nur eine Bank zum Sitzen, sondern auch noch den besten Überblick.

Wie du dich in der Nacht orientierst

Wenn du nachts draußen unterwegs bist, ist es gut, wenn du dich auch im Dunkeln orientieren kannst. Hast du keine Karte oder keinen Kompass dabei, kannst du dich immer noch wie die Seefahrer oder ein Waldläufer orientieren.

Ein Stern weist den Weg

In klaren, wolkenlosen Nächten ist der Himmel voller Sterne. Dann kannst du ganz leicht herausfinden, wo Norden ist. Der helle Polarstern hilft dir dabei, denn er steht genau in dieser Himmelsrichtung direkt über dem Nordpol.

Um ihn zu finden, hilft dir das Sternbild vom Großen Wagen. Verlängerst du nämlich die gedachte Linie des hinteren Wagenkastens, stößt du auf den Polarstern.

Sternbild Großer Wagen

Wenn der Wagen tief hängt

Manchmal, zum Beispiel im Herbst, steigt der Große Wagen nicht hoch genug über den Horizont. Dann weist dir das Sternbild Kassiopeia den Weg. Es sieht aus wie ein großes M. Die Spitze in der Mitte zeigt auf den Polarstern.

Sternbild Kassiopeia

Baumwegweiser

Auch im Wald kannst du schnell die Himmelsrichtung bestimmen. Auskunft gibt dir die bemooste Seite von Bäumen. Sie zeigt nach Westen. Gehst du von dort aus im Uhrzeigersinn eine Viertelrundung weiter um den Baum herum, bist du an seiner Nordseite angekommen.

Mord im Dunkeln

Einige Spiele lassen sich am besten im Dunkeln spielen. Vor allem Detektivspiele machen nachts viel Spaß. Wie wäre es, wenn du das folgende gleich bei deiner nächsten Party ausprobierst?

Spielvorbereitung

Für dieses Spiel benötigt ihr etwas Platz, Musik und für jeden Mitspieler einen Zettel. Auf diesen Zetteln stehen eure Rollen im Spiel: Ihr braucht einen Mörder und einen Detektiv. Auf allen anderen Zetteln stehen weitere Berufe. Jeder muss nun einen Zettel ziehen. Bis auf den Detektiv darf niemand seinen Zettel zeigen!

Der Mord

Der Detektiv muss aus dem Raum gehen, das Licht wird gelöscht, die anderen beginnen im Dunkeln zur Musik zu tanzen. Unauffällig bringt der Mörder währenddessen einen von euch um. Dazu reicht es, wenn er jemanden unauffällig antippt. Achtung, niemand darf sehen, wer der Mörder ist!

Das Opfer macht seinen Tod durch einen Schrei und Umfallen für alle deutlich. Während des Tanzens muss der Mörder ein kleines, aber auffälliges Detail an sich verändern, das dem Detektiv später einen Hinweis gibt. Der Mörder könnte sich zum Beispiel einen Ärmel hochkrempeln oder eine Socke ausziehen.

Die Ermittlung

Nun darf der Detektiv wieder hereinkommen und das Licht anschalten. Er sieht sich die Mitspieler genau an und wenn er sich die Spieler vor dem Mord gut eingeprägt hat, wird er nun entdecken, wer der Mörder ist. Findet er den Mörder nicht, hat dieser das Spiel gewonnen.

Sprichwörter und Redewendungen

Es gibt eine ganze Reihe von Sprichwörtern und Redewendungen, die sich rund um das Thema Nacht ranken. Hier sind einige aufgeführt. Bestimmt fallen dir und deinen Freunden noch ein paar mehr ein. Ihr könnt daraus auch ein lustiges Spiel machen.

In der Nacht

Wo sich Fuchs und Hase Gute Nacht sagen

Bei Nacht sind alle Katzen grau

Die Nacht zum Tage machen

Im Schlaf

Schlafende Hunde soll man nicht wecken

Schlafen wie ein Murmeltier

Den Seinen gibt's der Herr im Schlaf

In Morpheus' Armen liegen

Sprichwörter erfinden

Erfindet ein paar neue Sprichwörter. Ihr könnt auch Redewendungen, die es bereits gibt, verändern. So könnte zum Beispiel aus dem Sprichwort „Träume sind Schäume“ eine ganz neue Redewendung werden. Vielleicht „Räume sind Schäume“. Damit ist dann doch sicher das Badezimmer gemeint, in dem sich ein herrliches Schaumbad nehmen lässt, oder?

Einen Traumfänger bauen

Du brauchst:
Einen Holzreifen, Nadel, Kordel oder Wolle für das Netz, Bast oder Bänder zum Verzieren, Perlen, Federn, Glöckchen zum Dekorieren.

Die Indianer glauben, dass ein Traumfänger die bösen Träume einfängt. Sie bleiben in seinem Netz hängen, während die guten Träume den Weg hindurch zu dir finden. Hast du Lust, dir einen solchen Traumfänger zu basteln?

So bastelst du:

98

1. Zuerst umwickelst du den Holzreifen mit Bast oder einem schönen Band. Verknote die Enden. Wenn du möchtest, kannst du ein Ende länger lassen und es später als Aufhängung benutzen.

2. Schneide von der Kordel ein langes Stück ab. Knote ein Ende an den Reifen, das andere fädelst du auf die Nadel. Nun führst du das Band mit etwas Abstand vom Knoten unter dem Reifen durch nach vorne und ziehst dann die Nadeln zwischen Band und Reifen durch. Das wiederholst du mit etwas Abstand. Wichtig ist, dass du das Band dabei gut festziehst.

3. Hast du den Reifen einmal umrundet, geht es mit dem Innenteil weiter. Nun wird nicht mehr der Reifen umwickelt, sondern das innere Band. So fährst du fort, bis das Netz fertig ist.

4. Den Innenkreis schließt du, indem du die Kordel durch die schon bestehenden Schlaufen ziehst und festknotest.

5. Während du das Netz machst, kannst du auch schon Perlen mit auffädeln.

6. Zum Schluss schmückst du deinen Traumfänger mit Perlen, Bändern und Federn und hängst ihn auf.

Bau dir einen Hexenbesen

Damit du zum Hexentanz auf den Blocksberg fliegen kannst, brauchst du einen Besen. Ihn selbst zu bauen, ist gar nicht so schwer. Versuche es doch einmal!

Du brauchst:

Einen Stock (etwa anderthalb Meter lang), Zweige oder Reisig, Blumendraht, Hanfschnur, Gartenschere, Säge.

So bastelst du:

1. Säge den Stock in der richtigen Länge zu. Lass dir dabei von einem Erwachsenen helfen.

2. Wähle dünne, biegsame Zweige für den Besen. Sie sollten alle ungefähr 40 Zentimeter lang sein. Du brauchst davon gut zwei Hände voll. Schneide sie mit der Gartenschere auf die gleiche Länge. Die Schnittkanten liegen alle auf der gleichen Seite.

3. Wickle um das abgeschnittene Ende eines Zweiges den Gartendraht und steck ihn in die Mitte des Reisigbündels. Der Draht schaut oben heraus. Mit ihm umwickelst du nun das Bündel einmal locker. Klopfe die abgeschnittenen Kanten der Zweige auf dem Boden gerade.

4. In die Mitte des Bündels (mindestens zehn Zentimeter tief) steckst du den Stock. Wickle den Draht nun mehrmals eng um das Bündel und ziehe ihn ganz fest.

5. Schneide den Draht ab und verdecke ihn zum Schluss mit Hanfschnur.

Insekten in der Nacht anlocken

Du brauchst:
Eine starke Lichtquelle (Taschenlampe oder Strahler), ein weißes Bettlaken, ein Seil, um das Licht zu befestigen, ein Glas, eine Lupe, einen Fotoapparat mit Blitzlicht.

Eine ganze Menge Insekten sind auch nachts unterwegs. Willst du wissen, welche von ihnen auch durch euren Garten schwirren? Mit ein paar Utensilien kannst du sie anlocken.

Helle Verlockung

Viele Insekten werden von Licht magisch angezogen. Das kannst du in der Dunkelheit gut an einer beleuchteten Straßenlaterne beobachten. Ganz viele Insekten finden sich dort in dem Lichtkegel ein.

100

Solch eine „Lichtfalle" kannst du nachbauen. Hänge deinen Strahler an einen Ast. Das Bettlaken befestigst du anschließend so, dass es vom Licht angestrahlt wird. Schon nach kurzer Zeit kommen die ersten Insekten angeflattert.

Wen haben wir denn da?

Auf dem weißen Laken kannst du die Insekten gut beobachten. Ganz besonders interessante Exemplare fängst du mit dem Glas ein. Du kannst sie dort in aller Ruhe mit der Lupe betrachten, bestimmen und, wenn du möchtest, auch fotografieren. Hinterher lässt du sie dann natürlich wieder im Garten frei.

Glibberhand für die Halloween-Party

Du brauchst:

Pro Hand einen Beutel Götterspeise zum Kochen, Zucker, Wasser, Messbecher, Topf, Rührlöffel, einen Latexhandschuh ohne Puder aus der Apotheke, Wäscheklammern, Wäscheleine, Schere.

Wenn du mit deinen Freunden Halloween feierst, darf auch der Nachtisch mal ein bisschen gruseliger sein. Ein paar Glibberhände sind schnell gekocht.

So stellst du deine Glibberhand her:

1. Spüle den Handschuh gründlich mit kaltem Wasser aus.
2. Rühre die Götterspeise an, nimm aber ein bisschen weniger Wasser, als auf der Packung steht (statt 500 Milliliter nur 400 Milliliter). Koche die Flüssigkeit nach Anleitung.
3. Fülle die fertige Glibbermasse vorsichtig in den Handschuh. Lass dir dabei am besten von einem Erwachsenen helfen. Achtung, die Glibbermasse ist heiß!
4. Hänge den gefüllten Handschuh mit den Wäscheklammern an der Leine auf.
5. Ist die Masse fest, bindest du den Handschuh oben zu und steckst ihn für eine Nacht ins Gefrierfach.
6. Am nächsten Tag schneidest du den Handschuh vorsichtig auf, um die Hand herauszulösen. Auf einer Anrichteplatte auftauen lassen und servieren.

Eine Gruselgeschichte erzählen

Wenn du bei einem Freund übernachtest oder ihr abends am Lagerfeuer sitzt, dann darf eine gute Gruselgeschichte nicht fehlen. Zum Erzählen sollte es bereits dunkel sein, denn dann gruselt es sich viel besser als im hellen Sonnenlicht. Du kannst dir selbst eine Geschichte ausdenken oder du erzählst eine nach, die du gelesen hast. Fällt dir gerade keine ein, kannst du die folgende Geschichte erzählen oder vorlesen.

Der Werwolf im Garten

Niklas war schon den ganzen Tag aufgeregt. Endlich hatten seine Eltern erlaubt, dass er mit seinem Freund Tom im Garten übernachten durfte. Die Ferien waren fast vorbei und er hatte schon befürchtet, dass aus dem Zelten nichts mehr würde. Viel zu kalt war es bisher gewesen. Heute schien nun endlich die Sonne und es war warm genug dafür.

Auf, auf, hinaus in die Nacht!

Es klingelte. Tom stand breit grinsend in der Tür. „Mann, was bin ich froh, hier zu sein“, sagte er. „Meine Mutter wollte mich gar nicht weglassen. Zum Schluss hat sie sogar noch die Nummer von ihren Freunden, bei denen sie heute Abend ist, in meinem Handy gespeichert. Falls etwas ist. Nicht zu fassen!“ „Was soll denn sein?“, fragte Niklas. „Glaubt sie, dass uns in der Nacht ein Werwolf beißt?“

Sie prusteten laut los und schleppten Toms Rucksack in den Garten. Dort hatte Niklas schon das Zelt aufgebaut und eingerichtet. „Mann, das ist ja gemütlich. Da möchte ich am liebsten sofort reinkriechen“, freute sich Tom. „Nee, erst gibt’s noch Abendbrot“, bestimmte Niklas.

Sie aßen zusammen mit Niklas’ Schwestern und den Eltern. Dabei machte es den beiden Jungen großen Spaß, die Mädchen zu necken. „Im Zelt zu übernachten, ist nur etwas für Männer“, tönten sie lautstark. „Mädchen haben viel zu viel Angst, dass sie ein Werwolf holt und sie dann selbst zu einem werden.“

Sie kugelten sich vor Lachen. Nadja zuckte nur mit den Schultern, aber Miriam sagte: „Passt lieber selbst auf. Oder wisst ihr nicht, dass nur Männer oder solche Milchbubis, wie ihr es seid, zu Werwölfen werden können? Weibliche Werwölfe gibt es nämlich nicht, ihr Schlauköpfe.“

Auf, auf, hinaus in die Nacht!

Bei Einbruch der Dunkelheit krochen die Jungen ins Zelt und schlüpften in die Schlafsäcke. Sie futterten Chips und betrachteten durch den geöffneten Eingang die Sterne und den Vollmond. Der Garten versank langsam im Dunkeln. „Stimmt das, was Miriam gesagt hat? Das mit den Männern und den Werwölfen?“, fragte Tom. „Keine Ahnung. Ich weiß nur, dass sich Werwölfe nur bei Vollmond verwandeln“, antwortete Niklas. Etwas beklommen sahen die Jungen Richtung Mond.

„Wollen wir noch Gruselgeschichten erzählen?“ „Meinetwegen!“ Tom fing an. Dann knackte es plötzlich im Unterholz, als er an einer besonders gruseligen Stelle war. Die zwei zuckten zusammen. „Was war das?“ „Bestimmt nur die Katze vom Nachbarn“, versuchte Niklas zu beruhigen, doch das glaubte er selbst nicht so ganz.

Sie lauschten. Jetzt, da sie darauf achteten, raschelte und knarzte es plötzlich überall. Wolken zogen vor dem Mond vorbei und der Garten war voller tiefer Schatten. Er kam Niklas auf einmal fremd und unheimlich vor. „Willst du noch weitererzählen?“, fragte er seinen Freund. „Muss nicht“, kam es kleinlaut von Tom.

Sie zogen den Reißverschluss am Eingang zu und rutschten tief in ihre Schlafsäcke. „Glaubst du an Werwölfe?", fragte Tom leise. „Weiß nicht", flüsterte Niklas. Dann lagen sie nur noch still auf ihren Isomatten und lauschten auf die bedrohlichen Geräusche vor dem Zelt. Es dauerte lange, bis sie einschlafen konnten.

Mitten in der Nacht schreckte Niklas aus dem Schlaf hoch. Direkt vor dem Zelt war etwas. Und es machte furchtbare Geräusche. Sofort hatte er eine Gänsehaut. Er rüttelte an Toms Schulter. „Tom, Tom! Hörst du das?", zischte er. Tom fuhr hoch, die Augen groß vor Angst.

Vor dem Zelt schnaufte und schmatzte es laut. Immer wieder war ein Zischen und Zerren zu hören. Als die Zeltplane im Bodenbereich dann auch noch nach innen gebogen wurde, schrie Tom laut auf. „Der Werwolf!" „Hilfe, der Werwolf!" Die Bestie vor dem Zelt grunzte.

Mit Niklas' schwerer Taschenlampe bewaffnet, hockten sie bis zum Morgengrauen zitternd im Zelt. Dann entfernte sich die Gestalt auf der anderen Seite der dünnen Zeltplane. Sie nahmen allen Mut zusammen und öffneten den Zipper ein winziges Stück.

Durch den Spalt sahen sie gerade noch, wie ein Igel im Gebüsch verschwand. Auf seinen Stacheln steckte ein Stück von ihrer Chips-Verpackung, die sie nachts vor dem Zelt liegen gelassen hatten.

Quiz

1. Wie viele verschiedene Brotsorten gibt es im deutschsprachigen Raum?
a) 50
b) 200
c) Über 600

2. Wenn du nachts den Notruf wählst, landet dein Gespräch ...
a) in der Polizeizentrale.
b) in der Wache um die Ecke.
c) bei einem Freund deiner Eltern, der Polizist ist.

3. Damit die Feuerwehrleute bei einem Einsatz möglichst schnell im Fahrzeug sitzen, benutzen sie ...
a) die Treppe.
b) den Fahrstuhl.
c) die Rutschstange.

4. Wenn die Hochseefischer mit ihrem Fang zurück im Hafen sind, ...
a) haben sie Feierabend.
b) feiern sie ein Fest.
c) müssen sie erst noch das Boot aufräumen und saubermachen.

5. Wie kommen Zeitungszusteller an die Briefkästen im Haus?
a) Sie klingeln.
b) Sie haben einen Schlüssel für die Tür.
c) Sie warten, bis jemand das Haus verlässt oder betritt und sie dabei reinlässt.

6. Wer muss nachts im Krankenhaus wach bleiben?
a) Die Nachtschwester
b) Der Arzt
c) Der Patient

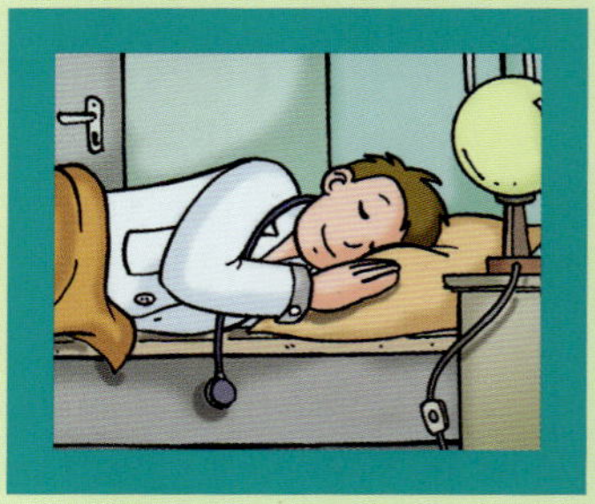

7. Was frisst der Igel am liebsten?
a) Wurzeln
b) Ohrwürmer
c) Obststückchen

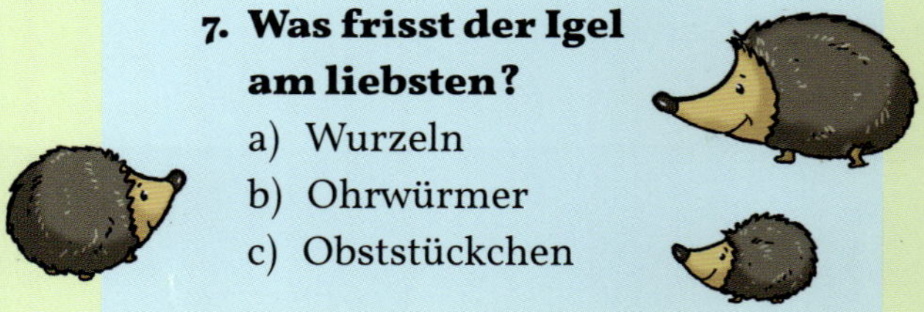

8. Eulen würgen einige Nahrungsbestandteile wieder aus. Warum?
a) Weil sie schon längst satt sind.
b) Weil es ihnen nicht schmeckt.
c) Weil sie unverdaulich sind.

9. Wie nennt man die reflektierende Schicht im Katzenauge?
a) Tapetum
b) Tapir
c) Tapete

10. Wenn der Fuchs zusammen mit Kaninchen im selben Bau lebt, ...
a) gibt es jeden Tag Kämpfe.
b) frisst er sie auf.
c) schließt er einen Burgfrieden.

11. Trifft ein Feldhamster auf einen Feind, ...

a) fällt er in Ohnmacht.
b) zeigt er seinen schwarzen Bauch.
c) kreischt er ganz laut.

12. Das Glühwürmchen ist ein ...

a) Wurm.
b) Käfer.
c) Falter.

13. Der Nachtphlox duftet nach ...

a) Marzipan und Vanille.
b) Marzipan und Kiwi.
c) Marzipan und Schokolade.

14. Welche Farbe kannst du in der Dunkelheit am besten erkennen?

a) Rot
b) Blau
c) Weiß

15. Welche Pflanze kannst du auch zum Wäsche waschen verwenden?

a) Das Leimkraut
b) Das Seifenkraut
c) Die Färberpflanze

16. Wie oft träumst du in der Nacht?

a) Fünf- bis sechsmal
b) Mehr als zehnmal
c) Einmal

17. Schlafwandler soll man ...

a) aufwecken.
b) behutsam zurück ins Bett bringen.
c) erschrecken.

18. Wer kann sich der Legende nach in einen Werwolf verwandeln?

a) Hunde
b) Frauen und Kinder
c) Nur Männer

19. Wie wird die Kürbislaterne in Irland genannt?

a) Rick-o'-lantern
b) Jack-o'-lantern
c) Jim-o'-lantern

20. Was sind „Weiße Nächte"?

a) Die kurzen Nächte rund um den 21. Juni
b) Nächte, in denen es sehr nebelig ist
c) Nächte, in denen viel Schnee fällt

21. Wann wurde Weihnachten früher gefeiert?

a) Am 6. Dezember
b) Am 6. Januar
c) Am 26. Dezember

Lösungen

1c, 2a, 3c, 4c, 5b, 6a, 7b, 8c, 9a, 10c, 11b, 12b, 13a, 14c, 15b, 16a, 17b, 18c, 19b, 20a, 21b

Glossar

Abonnent: Bezieher, Abnehmer einer Zeitung

Biolumineszenz: Fähigkeit eines Lebewesens, durch eine chemische Reaktion im Körper Licht zu erzeugen

Crew: Bezeichnung für die Mannschaft auf einem Schiff oder in einem Flugzeug

Deck: Waagerechte Fläche, die den Schiffskörper nach oben hin abschließt

Dienstplan: Plan, in dem steht, wer zu welchen Zeiten arbeitet oder frei hat

Einzelhändler: Kleinhändler. Er verkauft seine Waren direkt an den Verbraucher weiter. Im Gegensatz dazu steht der Großhändler, der seine Waren an andere Händler weiterverkauft.

Exemplar: Einzelstück, eine einzelne Ausgabe, ein einzelnes Tier

filetieren: Das Filet aus einem Stück Fleisch, Geflügel oder Fisch herauslösen. Filet ist ein besonders zartes Stück Fleisch.

Gastronomie: Ist ein Sammelbegriff für alle Gaststätten- und Restaurantbetriebe, er bezeichnet aber auch eine einzelne Gaststätte.

Gaumensegel: Weicher Muskel, der den Mundraum vom Rachen abtrennt und für das Schlucken, Atmen und Sprechen benötigt wird

Gewölle: Unverdauliche Nahrungsreste, die vor allem Eulen und Greifvögel ausspeien

Hochsitz: Jägersitz, der Beobachtungsposten eines Jägers. Meist wird er aus Pfählen und Stämmen gebaut, er kann aber auch direkt auf einem Baum angebracht werden.

Hydrant: Zapfstelle zur Entnahme von Wasser. Du findest sie häufig direkt an der Straße. Sie werden dort von der Feuerwehr oder der Straßenreinigung benutzt, um Wasser zu holen.

interviewen: Jemanden zu einem bestimmten Thema befragen

Luftraum: Der freie Raum über der Erde, der noch zu dem Land gehört, über dem er sich befindet

Moderator: Die Person, die durch die Sendung führt. Ein Moderator gestaltet die Sendung, befragt Leute und informiert sie.

Morpheus: Der griechische Gott des Schlafes

Myrrhe: Ein Gummiharz, das aus verschiedenen Bäumen in Afrika und Indien gewonnen wird. Es riecht sehr gut und wurde früher zum Räuchern und für Arzneien benutzt.

Nachtgreifer: Greifvögel, die in der Nacht unterwegs sind, zum Beispiel der Uhu oder der Habichtkauz

Netze ausbringen: Netze auswerfen

Netzhaut: Die innerste, lichtempfindliche Haut des Augapfels

orten: Die Position oder die Lage von etwas bestimmen, den Standpunkt einer Person feststellen

Passagier: Fahrgast, Reisender in der Bahn, auf dem Schiff oder im Flugzeug

Phase: Zeitabschnitt, Zeitspanne

Piepser: Alarmgerät

Polarkreise: Kreise, die die Polargebiete begrenzen. Sie liegen auf 66,56° nördlicher beziehungsweise südlicher Breite.

Proviant: Verpflegung, Lebensmittel, die man auf eine Wanderung oder Reise mitnimmt

randalieren: Krach machen, mit Absicht Sachen zerstören

Spind: Ein einfacher, schmaler Schrank

Stiege: Eine flache Kiste aus Holzlatten

Tour: Strecke, Weg

Tower: Kontrollturm auf Flugplätzen

Ultraschallbereich: Der Bereich, in dem das menschliche Gehör Schall nicht mehr wahrnehmen kann. Die Töne sind höher als die höchsten, die du hören kannst.

Utensilien: Gegenstände

Zunder: Leicht brennbares Material, das zum Anzünden von Feuer benutzt wird

Register

Bildnachweis

dpa Picture-Alliance, Frankfurt: picture alliance/Reiner Bernhardt 48 o. r.; picture alliance/Bildagentur-online/Pulwey-McPhot 48 u. l.; picture alliance/Arco Images GmbH 49 o.; picture alliance/Arco Images GmbH 52 u. l.; picture-alliance/Photoshot 57 o. r.

www.fotolia.de: Stefan Körber 16 o. r.; ankiro 17 u. l.; mSalomon 24 o. r.; Eric Isselée 34 o. r.; quasarweb.es 34 u. l.; Omika 35 o. r.; Yanik Chauvin 44 o. r.; Graham Taylor 45 u. l.; Cpro 64 u.; Jeanette Dietl 77 u. l.

www.shutterstock.com: Tischenko Irina 8 u. l.; Kzenon 9 o. r. , 9 u. l.; David Alary 12 o. l. , 13 o. l.; Graham Taylor 12 u. l.; John Roman Images 13 o. r.; bikeriderlondon 13 u. l.; Goran Bogicevic 16 u. l.; Alex Kalmbach 20 o. r.; DmitriMaruta 20 u. l.; lightpoet 21 o. r.; Jackjackjack 25 o.; Hurst Photo 28 o. r.; Stephen Coburn 29 o. r.; gary yim 29 u. l.; Braam Collins 36 o. r.; Eric Isselée 37 m. l.; Sari ONeal 41 o. l.; DenisNata 41 u. r.; Betty Shelton 45 o. r.; Loskutnikov 57 u. l.; Dora Zett 58 m. l.; Holly Kuchera 59 u. l.; Suzanne Tucker 64 o. r.; Africa Studio 65 m. l.; Joana Kruse 68 u. l.; Karuka 69 o. r.; Brian Chase 69 u. l.; Ramona Heim 76 o. r.; Pavel Vakhrushev 77 o. r.; Conny Sjostrom 80 o. r.; R.S.Jegg 80 u. l.; Erkki Alvenmod 81 u. l.; 2xSamara.com 86 o. r.; Jenn Huls 86 u. l.; Pressmaster 87 o. r. , 87 u. l.

www.123rf.com: Georgiy Pashin 40 o. r.; Serghei Starus 40 u. l.; yelenayemchuk 52 o. r.; Jakub Gojda 54 o. r.; Jordan Tan 55 u.

Sonstige: Urheber: BS Thurner Hof, Lizenz: cc-by-sa 36 u. l.; Urheber: Trebol-a, Lizenz: cc-by-sa 37 u. r.; Urheber: alpsdake, Lizenz: cc-by-sa 53 u. l.; Urheber: Dwight Sipler, Lizenz: cc-by-sa 55 o. r.; Urheber: Bernd Haynold, Lizenz: cc-by-sa 56 u. l.